EXCELLENTISS.

TIBERII DECIANI

IVRISC. VTINENSIS, ET IN GIMNASIO PATAVINO IVRIS CIVILIS IN PRIMA SEDE MATVTINA ORDINARII INTERPRETIS

Responsum Pro Illustriss. Republica Genuen.

GENVAE
APVD ANTONIVM BELLONVM,
MDLXXII.

Ioannes Aloisius Fliscus.

Hieronimus. Ottobonus. Scipio. Sinibaldus.

Io. Aloisius. Hieronimus. Ottobonus. Scipio. Cornelius.

ILLVSTRIS Dominus Ioannes Aloisius Fliscus Ianuensis cum plura Castra possideret, anno. 1495. 21. Decembris obtinuit à MAXIMILIANO Primo IMPERATORE licentiam testandi inter filios de dictis Castris, & bonis feudalibus, & constituendi in eis primogenituram, ita vt semper primogenitus succederet de gradu in gradum.

1502. 20. Aprilis idem Illustris Io. Aloisius condidit testamentum in quo instituit Hieronimum eius primogenitum in dictis Castris, iuxta formam licentiæ obtentæ substituendo semper primogenitos, vel qui loco primogenitorum succedent.

Testamentum ipsum confirmauit idem Io. Aloisius codicillis, seu potius nouo testamento condito anno. 1508. 20. Iunij. & alio quoq; anno. 1510. 15. Maij.

Decessit Hieronimus, & Scipio suprascripti fratres, & filij D. Io. Aloisij, Ottobonus vero in sacris remansit. Adeo quod tam ex forma licentiæ MAX. quam ex forma testamenti, Castra ipsa deuenerunt successionis iure ad Sinibaldum filium iuniorem.

Hic Sinibaldus anno. 1524. 2. Septembris obtinuit inuestituram præfatorum Castrorum, & omnium priuilegiorum paternorum confirmationem, à CAROLO V. tunc AVGVSTO.

Condidit idem Sinibaldus testamentum anno. 1528. 18. Iunij. in quo præfata Castra prælegauit Io. Aloisio iuniori filio suo primogenito. substituendo postea alios filios, & vltimo loco, posthumum, cui nasciturо voluit imponi nomen Scipionis.

Defuncto suprascripto Sinibaldo relictis quatuor filijs legitimis & naturalibus; & quibusdam naturalibus, vt in arbore, Tutores Ioannis Aloisij iunioris anno 1535. 4. Iunij. obtinent eius nomine à CAROLO V.

IMPERATORE inuestituram dictorum Castrorū, & quorumcunq; aliorum ad ipsum spectantium feudorum, necnon & confirmationem testamenti Sinibaldi patris, & quorumcunque priuilegiorum antecessorum suorum.

Ioannes Aloisius iunior antedictus anno.1547. 3. Ianuarij excitat seditionē, & tumultum in Ciuitate Ianuæ, Iannetinum Auria occidit, Triremes quibus Princeps Andreas Præfectus erat nomine CAESARIS depredatur, & tandem in ipso tumultu mari casu submergitur nullis relictis descendentibus, sed tantum fratribus suis tribus antedictis.

1547. 27. Octobris CAROLVS V. recognita priuat Io. Aloisium iàm defunctum, & fratres bonis omnibus feudalibus, illaque donat Principi Melfi Andreæ Auria, exceptis his Castris. videlicet, Montobio, Varisio, Rocatagliata, Burgo Valistari, Pontremulo, & Sancto Stefano, in beneficium filiorum Iannetini occisi, Declarans cum omnibus clausulis necessarijs d.q. Io. Aloisium, Hieronimum, & Ottobonum fratres, & Cornelium naturalem commisisse Crimen Læsæ Maiestatis, & notoriæ Rebellionis, & cecidisse ab omnibus feudis, & priuilegijs, concedendo facultatem Principi aprehendendi dicta bona propria auctoritate.

Anno.1548. 19. Iunij. CAROLVS V. Castrum Sancti Stefani vnum scilicet ex sibi reseruatis erigit in Marchionatum, & illud donat Antonieto Auria ipsum inuestiendo.

Eodem anno. 1547. 8. Martij. Idem CAROLVS per eius literas concedit facultatem Principi antedicto, disponendi ad benefitium Reipublicæ Ianuensis, de Castris his sibi reseruatis, videlicet Varisij, Montobij, & Rocatagliatæ, cum conditione vt præfata Respubica susciperet onus expugnandi Castrum Montobij in quo se continebat Hieronimus Fliscus vnus ex. d. fratribus priuatis.

Eodem anno. 27. Martij. idem CAROLVS scripsit Gometio Suarez Oratori suo apud Rempub. Ianuæ de commisione data Principi per literas prædictas, attentis prætensionibus, quas pretendebant Ianuenses in Castris Varisij, & Rocatagliatæ.

Princeps antedictus sequuta expugnatione Montobij, ex potestate CAESAREA sibi attributa donat Reipub. Ianuæ omnia iura competentia CAESARI in. d. Castris, & hoc ad confirmationē, & corroborationem iurium eidem Reipub. spectantium, sic iura iuribus addendo, & cumulādo, & hæc acta. 1548. 21. Februarij.

Eodem anno. 1548. mense Ianuarij. Iulius Cibo qui conspirauerat contra CAESAREM fuit captus Pontremoli, & ductus Mediolanum, fatetur coniurationem, & nominat Scipionem tanquam conscium. d. tractatus, & demum Iulius fuit Mediolani decapit atus.

Eodem pariter anno. 11. Augusti. CAROLVS V. intellecto quod Scipio interuenerat in tractatu prædicto, delegat hanc cognitionēGometio Oratori suo Ianuę, qui seruatis seruandis inquirat, & procedat contra dictum Scipionem,

Scipionem,& eum culpabilem repertum, vel contumacem puniat, & priuet feudis,quæ delegatio fuit presentata Oratori. 14. Martij.1550. Qui statim cepit procedere,citauit,informationes sumpsit,vidit processum formatum contra Iulium Cibo,& tandem. 1552. 29. siue. 28. Ianuarij per difinitiuam,pronuntiat Scipionem Rebellem, & priuatum omnibus feudis, & priuilegijs, quæ confiscatur, quæ etiam Sententia fuit Scipioni intimata per edicta.

Anno 1559. fit pax inter Regem Gallorum,& Regem Hispaniæ,& inter cetera capitula est vnum, quod qui sequuti sunt partes vtriusque, liberi sint ab omnibus bannis, & illis omnia restituantur, & in spetie in eo nominatur, Scipio,& Octauianus Fregosius, quod per procuratores posint prosequi eorum bona contra illa detinentes.

1559. 12. Aprilis FERDINANDVS confirmat antedictam Sententiam Suarez,contra Scipionem,& declarat illum priuatum, & confirmat donationes factas Auriæ,asserens per legitimum, & iuridicum processum formatum per Suarez,cognouisse Scipionem Rebellem,& ideo Ex certa scientia. declarat eum Rebellem, & priuat omnibus feudis.

1562. 22. Ianuarij. FERDINANDVS IMPERATOR recipit Scipionem in gratiam quo ad eum,&ratificat.d.capitula pacis quo ad Scipionem, quo ad bona per alios non possessa dabit inuestituram, quo vero ad possessa dicit se nil agere posse, sed quo ad ea agat Scipio via iuris, quia FERDINANDVS eo casu paratus est dare Commissarios.

Eodem anno. 13. Iulij. FERDINANDVS immemor prædictorum inuestiit Scipionem de Castris Montobij, Rocatagliatæ, & Varesij.

Interim Scipio producit petitionem contra Remp. Ianuen. & alios possessores Castrorum suorum,&instat cogi eos ad sibi illa restituendum cumulando petitorium, & possessorium simul,instando sententiam contra se latam nullam declarari.

1565. 12. Aprilis. MAXIMILIANVS II. IMPERATOR confirmat donationem Castri Montobij, Rocatagliatæ, & Varisiij in Rempub. Ianuen.sine præiuditio iuriũ competentiũ Scipioni quo ad pendentiã litis.

Et quia orta erat questio an Scipio posset audiri stante quod erat pronuntiatus Rebellis, ideo MAXIMILIANVS idem. 1563. 16. Nouembris, interloqnendo asignat terminum Scipioni ad probandum tam nullitatem sententiæ Suarez,quam innocentiam suam.

1565. 10. Octobris. idem MAXIMILIANVS interloquendo admittit capitula vtriusque partis ad probandum super eis,& idem fit. 18. Maij. seq. & testes multi hinc inde examinantur, multæque scripturæ producuntur.

EX prædicta igitut facti narratione mihi proposita, licet multæ suboriantur questiones,& varij articuli discutiendi,omnes tamen ad duo capita principaliter deducũtur.vz.Primo an Sententia Suarez facta anno.1552.qua Scipio fuit Rebellis declaratus, & feudis priuatus subsistat viribus,vel potius fuerit,&sit nulla ex oppositionibus factis,& deductis parte dicti Scipionis.

Secundo,

Secundo, an præfatus Fliscus fuerit vere Reus criminis conspirationis, & Læsæ Maie. sibi obiecti, An potius innocens ex defensionibus per eum in hac causa deductis. Circa quæ post longam discussionem sentio & sententiã validam fuisse, & viribus subsistere d. Dominum Scipionem vere fuisse, reum, ac merito condemnatum, atque ideo Illustres Reos conuentos à petitis absoluendos.

Circa primum, omnes infrascriptæ oppositiones sunt examinandæ.

Primo illæ quæ contra rescriptum Delegationis factæ per CAESAREM Suarez opponuntur.

Secundo illæ, quæ contra personam Iudicis Delegati obijciuntur.

Tertio, quæ contra Notarios sunt obiecta.

Quarto, quæ contra inquisitionem.

Quinto, quæ contra citationes.

Sexto, quæ contra processum.

Septimo, quæ contra sententiam.

Capiendo igitur primam spetiem oppositionum duo video opponi contra rescriptum Delegationis emissum, à CAESARE.

Primo videlicet, quod rescriptum in termino anni nõ fuit præsentatum, ideo censebatur iam expirasse, neque vlterius uires suas extendere poterat. iux. c. si autem. & c. plerunque. de rescrip.

Sed huic respondetur pluribus modis, Primo quod contrarium posset procedere de iure canonico, secus autem de iure ciuili, quo iure contrarium est decisum, videlicet, quod imo rescripta sint perpetua. l. falso. C. de diuer. rescrip. & hanc differentiam facit Bal. in suo peculio. in verbo. Rescripta. vt refert Feli. in. d. c. si autem. in prin.

Secundo respondeo, quod contraria procedunt quando ab actore fuit impetratum rescriptum, & postea à reo pariter fuit impetratum aliud rescriptum non facta mentione de primo, nam si primus per annum negligens est in præsentando, & exequendo, & reus præsentat secundum, actor propter negligentiam suam non poterit vti primo suo rescripto, Qui si reus, & sic pars aduersa nullum impetret secũdo loco, rescriptũ primum impetratum non erit annale, sed perpetuum. ita Inno. Zabarella. & omnes in d. c. plerunq;. Bar. post Cin. Bal. & Sali. in. d. l. falso. & Spec. in tit. de rescr. præsentatione. §. ratione autem impetrantis. num. 7. vers. quid si primus. & seq. At in casu nostro nullum aliud fuit secundo loco impetratum rescriptum, ergo non procedit contrarium.

Tertio respondeo quod contraria procederent quando à tertio fuisset impetratum rescriptum super lite aliqua prout loquuntur iura in contrarium allegata, & omnes scribentes ibi ita intelligunt, At in casu præsenti rescriptum fuit Motu proprio CAROLI transmissum, & pro eiusdem IMP. interesse transmissum contra Rebelles suos, vt patet ex eius lectura, quo casu non loquuntur iura in contrarium allegata, sed tantum in casu quo is contra quem fuit impetratum primũ rescriptũ alios Iudices impetrasset & corã eisdem vellet audiri.

Quarto

Quarto respondeo, quod contraria procedunt, quando dolus vel negligentia posset impetranti imputari, vt aperte dicitur in.d.c.si autem.& in.d.c. plerunque.& etiam quando aliquod verteretur interesse partis contra quam fuit impetratum, quod non fuisset passus si in termino anni fuisset rescriptum præsentatum. Verum in casu presenti nullus potest prætendi dolus, nulla negligentia, quia fuisset negligentia CAESARIS met, qui laborasset contra proprium commodũ differẽdo punire Rebelles suos. Neq; etiam vllum potest cõsiderari interesse D. Scipionis Flisci contra quẽ fuit facta talis Delegatio, neque etiam ausus fuit aliquod vel minimũ interesse obijcere, Quin potius ex tali dilatione non modicum commodum ei resultauit, ex quo potuit eo tempore melius consulere rebus suis, & præparare defensiones suas, cum reorum sit subterfugere iuditia. c.nullus dubitat.de præsump.cum concord.de quibus ibi in glo. Ergo clare patet obiecta quo ad hoc caput non obstare.

Secundo principaliter in hoc capite opponitur, quod non constat in processu de mandato Hieronimi de Villa qui præsentauit rescriptum, vel cõparuit in causa nomine Principis, Debuit enim constare in ipso processu de mandato alias redditur processus nullus, & sententia super eo lata, & talis exceptio potest quandocunque opponi.l.licet.ff. de iudi.l.licet.C.de procu. c.in nostra.in fi.extra.eo.tit.& .c.licet.de appell. in 6. & tradit Bal.in.l.2. C.si ex fals.instru. Neque enim præsumitur mandatum etiam ex longinquitate temporis, vt per Alex.cons.191.num.4.in.6.& Dec.cons.486.nu. 11.& cons.1.num.19.in 4.& Ias.cons.140.num.4.in.4. Et licet forte constet de mandato postea exhibito attamen non constat quod tempore quo comparuit, & acta fecit de quibus, in processu, quod tale mandatum recepisset, quo casu omnia acta per eum ante receptionem nulla esse videntur, vt est glo.in Clem.1.in ver.receptis.de procur. & glo.in. c.licet.in ver. suscipere.eo.tit.& libro.& notant omnes.in.l. quero. ff. de eo qui pro tuto. & Spec.in tit.de procura.§.1.ver.receptis.& Bar. cons.73. & Rota. decis. 145.incip.si procurator.in addi. in nou. & quod non habuerit mandatum probatur ex inspectione actorum, in quibus non apparet vllum mandatum exhibitum, vt tradunt omnes in.l.fi.C.de reb.cred.& in.l.in lege.ff.de contrahen.emp.&.c.cum ad sedem.de rest. spol. Negatiua enim ista satis sufficienter probatur per inspectionem actorum, vt per Bar.in.l.2. de error. aduo.& in.l.hi qui ad ciuilia.C. de appella. cum concer. vt per Dec.cons. 424.num.19.&.467.num.12.& 483. num. 4.

Verum & huic oppositioni pluribus modis de iure responderi potest.

Primo quia processum fuit contra D. Scipionem per viam inquisitionis non accusationis, vt patet ex inquisitione formata, prout in isto crimine procedi potuit, vt per Spec.in tit.de inqui.§. quando autem. vers.decimotertio. per.l.2.&.3.C.ad.l.iul.maie.& Ang.in tract.malc. in vers.hæc est quedam inquisitio.num.21.& Gandi in tract.malef.in prin.in tit.quid sit accusatio. vers.decimusquintus casus.& tradit Bar.in extraua.ad reprimen.in verbo.

per

per inquisitionem. & licet interuenerit etiam aliquando iste Hieronimus à Villa, non interuenit tanquam accusator, seu nomine accusantium, cum nullus appareat accusator, sed cum interuenit, interuenit vti instigator, vel instigatorum, & sollicitantium expeditionem nomine, qui quidem in processu quando proceditur per inquisitionem non habetur in aliqua cõsideratione, & ideo vel habeat, vel non habeat mandatum non propterea redditur processus nullus, sed tantum tenebitur ad expensas, si fuerit calumniosus instigator, vt per Inno. in. c. cum opporteat. de accu. quẽ refert. & sequitur Natta. in repe. Clem. sepe. §. quæ omnia in 5. & 6. col. de verb. signi. & ambos refert, & sequitur Hipol. de Marſ. in sua pract. crim. §. superest. num. 4. in fi. & ibi num. 6. Idem dicit in denuntiante, quorum opi. comprobo, quia etiam quod Iudex inquirat ad promotionem, vel instigationem alicuius, attamen non dicetur aliter procedere quam per inquisitionem, vt per Spec. in tit. de inquisitio. §. nunc tractemus. verſ. hoc autẽ. & verſ. cum igitur. & verſ. seq. & Io. And. in. c. qualiter, & quando. in glo. magna. de accusa. Anto. & Imol. in. c. cum oporteat. eo. tit. quos refert, & sequitur Alex. conſ. 138. num. 12. in 6. & quod mandatum non foret etiam necessarium in casu nostro facit, quia cum hoc crimen sit publicum. l. 1. ff. de pub. iud. quilibet admittitur ne dum ad instigandum, sed etiam ad accusandum. §. 1. Inst. de pub. iud. cum concor. ergo mandatum non erat necessarium.

Secundo respondetur, quod cum. d. Hieronimus astiterit causæ nomine Principis vsque ad finem, & vsque ad sentẽtiam, præsumitur habuisse mandatũ, neque obstabit exceptio quod non fuerit legitimus procurator ita tenet Inno. in. c. quoniam contra. de proba. & in. c. 2. de eo qui fur. ord. suſ. quod procedit ne dum quando comparuit aduersarius, & nil opposuit, sed etiã quando fuit legitime contumax, & sententia lata fuit contra ipsum contumacem, vt tenet Io. And. in. d. c. quoniam contra. in vlt. glo. & ibi etiam Io. Calderi. in distin. suis. & idem Inno. in. c. bone. il primo. de elect. & Io. And. in. c. in presentia. de renun. & sequitur Imol. in. l. sciendum. de verb. ob. nu. 7. verſ. sed certe ibi Inno. recitat. sequitur etiam Ang. de Aret. in. §. fi. Inst. de fideiuſ. in fi. & Soci. in regula. 212. incip. iurisdictionem prorogare. vbi dicit hoc esse menti tenendum, quia est de pane lucrando. nam sæpe in foro contingit ferri sententiam contra aliquem, qui postea in exequutione opponit quod procurator qui contra eum interuenit non erat legitimus.

Tertio respondeo, quod cum in processu nil vnquam fuerit oppositum, neq; petitum à Iudice vt exhiberet mandatum, valent omnia acta, vt tenet Bal. in. l. 1. in. 2. lect. num. 3. de procur. sequitur Alex. conſ. 146. num. 34. verſ. plus dixit Bal. in. 5.

Quarto respondeo, quod cum appareat, nunc instrumentum mandati simpliciter factum nulla data certa forma speciali quod plus vno modo faciat, quam alio, tunc valent acta per procuratorem facta etiam ante receptionem mandati. ita dicit Bal. in. l. falsus. num. 19. verſ. puto vbi data est certa forma

forma.C.de furt.quem etiam sequitur Alex.d.cons.146.num.33.vers.præterea vt dicit Bal.in.5.At in casu præsenti in mandato iam nunc exhibito non apparet certam aliquam formam datam fuisse, ergo acta præcedentia non possunt dici nulla.

Quinto respondeo,quod cum constet iam de mandato, etiam si post acta fuisset subsequutum,attamen per tale mandatum subsequens conuallidantur omnia prius acta,ita Bal.Ang.Fulg.Alex.& Ias.in.l.Iulianus. per illũ tex. ff.qui satis.coga.& idem tenet Anto.& Imol. in.c. cum consuetudinis. de consuetu.& præcipue quando Dominus constituens sciebat illum nomine suo se ingerere,vt late declarat Cur.Iun.cons.63.num.5. vers. quarto pro eadem opin.& Boer.decis.274.num.2.vbi dicit ita seruari in pratica , pro quibus est optima decis.Rotæ.decis.247.incip.Nota quod vbi ad requestã. in antiquis. vbi voluit quod si quis ad instantiam procuratoris alicuius excõmunicatur,valebit excõmunicatio , licet non constaret tunc de mandato,modo postea constet,sic ergo dicendum in proposito nostro.

Sexto respondeo,quod cum in hoc mãdato apposita sit clausula ratihabitionis,prout in facto præsuponitur,omnia prius acta , etiam tempore quo nõ fuisset procurator,conualidantur,vt per Dominicum Gemin. in.c. is qui. de procur.in.6.vbi etiam Phil.Franc.col.1.& per Bonif.de Vital. in Cle.1. in.4.q.eo.tit.& Rota.decis.585.Quidam qui nõ erat procurator.in antiq. Alex.d.cõs.146.nu.33.in.5.& tradit Quint.Mend.in reg.canc.31.1.q.nu.7.

Tertio expeditis oppositionibus,quæ contra rescriptum obiectæ sunt,videndum de ijs quæ contra personam Iudicis Delegati opponunrur. Et primo opponitur quod erat illiteratus,idest ignarus legum, prout opponitur in 24. cap. inferendo quod Iudex esse non poterat , vel saltem non poterat cognoscere an Iulius Cibo de cuius crimine arguitur , & etiam Scipio foret culpabilis, vel innocens,ergo sentẽtia nulla, vt videtur probari in aut. de iudi.§.1.vbi quod maximum est vitium Reipub.quod qui per se noscere deberent quod iustũ est,aliunde emendicare cogãtur iudicandi scientiam, & honestatem. Turpe est enim viro Nobili,&causas iudicanti iura ignorare.vt inquit tex.in.l.2.§.seruius.ff.de orig.iur. Scientia enim insufficiens, vitæ inhonestas,& ætas illegitima equiparantur.c.nihil.extra.de elect.illiterati enim, rustici,& viles eodem ordine ponuntur.l. athletæ.§. vlt.ff.de excu.tut.Quinimo talis equiparatur ceco.c.post translationem. §. item si quis. de renun. Ignorantia etenim literarum in ijs qui præsunt , & iudicant,nec excusatione digna est,nec venia.c.si in laicis.37.dis.& infantibus tales equiparantur.iux.c.vlt.de temp.ord.in.6.& videtur probari in.c.1.in fi.de consangui. & affi.

Verum hæc oppositio leuis est. Nam imo contrariũ verius,quod scilicet scientiæ iuris ignari,Iudices esse possunt,vt est tex.clarus in.l. certi iuris. C. de iudi.vbi glo.&omnes scriben.ꝑ quo facit.l.quidã consulebant.ff.de re.iud. vbi quod minores 25. ãnis qui plerunque sunt ignari iuris possunt esse Iudices,& magistratus gerere. idem tenet glo.Bart. & alij in.l.expertes.C. de decur.lib.x.& in.l.vlt.C.de sent.ex breuilo.reci.cano.in.c. sciscitatus. de rescr.vbi Feli. late in vers. illiteratus. num.25. cum plur. seq. & ibi etiam Andr.Sicul.num.90.cum plur.seq. & præsertim si fuerit delegatus à Principe,vt probatur in.d.l.quidam consulebant.& in spetie declatat Sali.in.d. l.certi iuris.num.3.C. de iudi. Et præcipue quoque si est expertus in iudicandis causis,& in alijs negotijs,vt tradunt omnes in.d.l.certi iuris.& in.d. c.sciscitatus.post glo.ibi in vers.impedimento. plus enim quandoque operatur experientia,& pratica quam iuris theorica,vt per Bart. in tracta. de testi.num.mihi.56.& fuit dictum Aristo.Metaph.lib.1.& de gener. lib.1.& probatur in.§. ordinatione. in aut. de mona. est enim experientia rerum magistra.c.vbi periculum.in prin.&.c.quā sit.in prin.de elect.in.6. & in.c. occupantes. eo.tit. & in.c.statutum.in prin.de rescr.in.6.& in aut.de app. post prin.& in spetie quod ignarus iuris possit esse Delegatus,tradit Spec. in tit.de Iudice delega. §.vlt.vers. item quod est illiteratus.est mihi.num. 17. & omnes etiam in locis præallegatis.

Non obstant autem quæ in contrarium sunt obiecta,& primo tex. in.d.§.1. aut.de iudici.quia tex. ille loquiturde Iudicibus specialibus vrbis Romæ, non in Delegatis, & præsertim delegatis à Principe,& ita in spetie respondet Sali.in.d.l.certi iuris.num.3.vers.sed iudicio meo.C.de iudi. item respondetur quod ille tex.loquitur de Iudicibus illiteratis, & nullam experientiam Iudiciorum habentibus,nos autem loquimur de Iudice peritissimo,& expertissimo in iudicando, vt infra dicam. & ita respondet Andr. Sicul.in.d.c.sciscitatus.

Non obstant alia iura canonica adducta, quia loquuntur de illiteratis, idest qui nesciunt legere,quia illiteratus dicitur,qui nescit legere,imperitus vero,qui scit quidem legere,& scribere,sed theoricæ & praticæ est ignarus, vt per Barr.in aut.sed nouo iure.C.si cert. peta.& Feli. in.d.c. sciscitatus. nu.27.in fi.item loquuntur illa iura quo ad sacros ordines qui non possunt illiteratis,idest qui legere nesciunt conferri. c.1.& per totam. 36. dis. vbi glo.& scrib.

Et præterea plura ex iuribus adductis loquuntur per viam consilij, vt scilicet melius sit Iudices esse iurium peritos quam ignaros, sed non ideo concludunt tales Iudices esse non posse,prout ita etiam in terminis respondet Salice.in.d.l.certi iuris.col. vlt. vers. forte quod omnes.C.de iudi.

At qui in casu præsenti constat in facto quod Illustris Gometius Suarez erat peritissimus causarū,& litium, quia fuerat etiam Vicarius generalis creatus,& Locumtenens ad cognoscendum in causis feudalibus, & inter Feudatarios tam ciuiliter quam criminaliter,vt probatū dicitur tum per creationem personæ suæ in generalem Vicarium, siue Locumtenentem, tum per testes parte Reipub.examinatos, tum etiam quia nobilissimus erat genere,& ideo pro nobilibus semper præsumitur, quod scilicet sint integræ, & probatæ vitæ,& quod iustitiam colant,vt est glo.not.in.c. illud.40.dis. quam sequitur Io.And.in.c. constitutis.il secundo. col. pen. de appella.&

Roma.

Roma.singula.726.incip.scis hoc iure.& Andr.Sicul.q.62. col.4.in prin. & cons.3.col.13.in.2.& cons.60.col.7.in.3. & per Ias. in.l. si pecuniam.§. vlt.in fi.ff.de condi.ob cau.& tradit Luc.de Pen.in.l.mulieres. col.3.vers. sexto ex nobilitate.in fi.C.de digni.lib.12.Afflict.in const.incip.post mūdi. in.x.not. & consentaneum est ex melioribus ortos meliores esse,vt inquit Arist.polit.lib.3.cap.8.& lib.3.Rethor.& theo. cap. 16.& hinc est quod in magistratibus sunt præferendi nobiles.§.1.in prin. vers.interim.& in vers. vniuersi.& in.§.vlt.in aut.de defens.ciui.& ibi glo.in vers. nobiliores.& ēt Ang.ibi,quem tex.ad hoc etiam not.glo.in.c.statuimus.in vers.potiorem. de maior.& obe.& Io.And.in.c.venerabili.col.1.& ibi Imol.in fi.de prebē. & Bar.in.l.1.ff.de excu.tut.& in.l.1.C.de digni.lib.12.& in spetie quod nobilis præsumatur iustius iudicare,præsertim quando à Principe,& IMPE. est electus probat opti.tex.in.l.1.ff.de off.præfe.prætor.vbi prohibetur appellari à sententia lata per præfectum prætorio ex ratione in hæc verba scripta, videlicet Credidit enim Princeps eos qui ob singularē industriam explorata eorum fide,& grauitate,ad huius offitij magnitudinem adhibētur,non aliter iudicaturos esse pro sapientia, ac luce dignitatis suæ, quam ipse foret iudicaturus, Ecce quod in eligendis Iudicibus maioribus non consideratur principaliter iuris scientia,sed industria,fides,grauitas,& nobilitas,cum igitur talis fuerit hic vir, superfluum est vlterius insistere, an potuerit ei hæc causa delegari à CAROLO, & eo quidem Principe circunspectissimo,& sapientissimo.

Accedat quod in condemnando Scipionem non indigebat scrupulosa iuris disceptatione,nam quod attinet ad processum contra Iulium Cibo,in quo examinando dicitur parte Scipionis,quod opus erat peritia iuris,iam sciebat ipsum Mediolani fuisse capitali sententia damnatum, & etiam sententiam ipsam fuisse exequutioni mandatam,& sciebat rem iudicatam pro veritate haberi.l.res.iudicata.de reg.iur.l.1.ff.eo.ideo non poterat dubitare, an Iulius Rebellionem, & Crimen Læsæ Maiestatis incurrisset, quia pro tali damnatus fuerat. Quod vero attinet ad Scipionem, cum fuerit semper contumax non erat difficilis iudicatio, cū contra contumacem omnia iura clament,iux.l.si quis aliena.ff.de iudi.l.1.ff. si quis ius dicen. non obtemp.l.2.ff.si quis in ius.voca.non ier.cum multis concor.quæ adduci possent,& ideo constat oppositionem hanc euanescere.

Quarto deueniendo modo ad oppositiones concernentes fidem Notarij, opponitur quod non constet per alium Notarium de commisione facta per Iudicem Delegatum Notario,qui examinauit testes pro informatione Iudicis,de loco in quo reperiretur Scipio,vt posset citari, nam de tali cōmissione nō debet ei credi,sed debuit per aliū Notariū talis cōmisio scribi, vt tenet Io.and.in.c.cū quis.de reg.iur.in.6.& Bal.in.l. iniuriādi. C.de testi. & in.l.Iudices.C.de fide instr.& in.l.si cōsul.vers.& prædicta faciunt.ff.de adop.& in.l.ad egregias.in fi.ff.de iur.iur. & Io. de Ana.cons.49.in fi.vbi attestatur hāc cōmunē,put ēt attestatur Alex.cōs.212.in.2.&cōs.104.in 5.

Verum ad hanc oppositionem rersponderur, Primo hoc in istis partibus non esse de stilo, quod fiat talis commissio, & si fit idem Notarius met scribit, vt de tali stilo attestatur Iulius Clarus. sententiarũ recep. lib. 5. §. vlt. in. q. 26. in prin. & à stilo obseruato non est recedendum. c. quam graui. in prin. de crim. fals. nam stilus facit ius, vt inquit Abb. per illum tex. in. c. ex literis. in prim. not. de const. & operatur idem quod consuetudo, vt per Alex. cons. 39. col. vlt. in 3. & facit tex. in. l. vlt. C. de iniur. & tradit etiam Alex. cõs. 58. col. fin. in. 7. & Doctori asserenti de stilo, vel consuetudine credendũ est, vt dicit Bar. in. l. de quibus. col. 8. vers. quarto principaliter queritur. ff. de legi. & per Cuma. cons. 57. in fi. & cons. 169. cum alijs multis adductis ꝑ Dec. cons. 559. num. 5. in fin. & seq. & cons. 691. num. 12. & seq. vbi attestatur hanc esse communem, & idem cons. 540. num. ix.

Secũdo respondeo, quod licet non credatur de commissione data, tamen creditur super exequutione commissionis, quia ex quo recipit testes creditur circa illam testium examinationem, & ita limitatur contrarium. vt declarat Bal. in. l. Iudices. C. de fide. inst. in. fi. & sequitur Dec. cons. 42. num. 5. vbi adducit not. Doc. Bar. in. l. ex sententia. vers. induco istam legem. ff. de testa. tut. Qui voluit quod quamuis Notarius non possit commissionem sibi factam in tota causa scribere, poterit tamen scribere in vno articulo illius causæ, & ei credetur, quod etiam tenet Ang. in repe. l. sciendum. ff. de verb. ob. potuit ergo & in casu nostro Notarius scribere, & recipere testes quo ad istum articulum informationis absentiæ Scipionis, & licet Bal. in d. l. Iudices. videatur reprehendere Bar. in loco præallegato, Attamen verior est opinio Bar. & rationes adductæ per Bal. contra Bart. sunt leues, vt inquit Alex. in. d. l. sciendum. in. 2. col. & sequitur Dec. d. cons. 42. d. nu. 5. vers. et licet Bal.

Tertio respondetur, commissionem ipsam siue electionem Notarij factam ꝑ Delegatum, fuisse probatam per testes, quod scilicet Delegatus in Notariũ illius causæ elegit Io. Iacobum Cibo, & sic ex testibus etiam fuit comprobata assertio ipsius Notarij asserentis se de mandato Iudicis Delegati recepisse dictos testes, vt in facto præsupponitur, quo casu licet regulariter acta iudiciaria non probentur per testes, vt habetur in. l. 2. C. de eden. & per Bar. & alios in. l. emancipatione. C. de fide. instr. Attamen cum scriptura iam appareat, quod de commissione Delegati recepti fuerunt testes, potest illa scriptura quæ de per se, propter suspitionem fidem plenam non faceret, coadiuuari per testes, sicut si deperdita fuisset, vt per Bar. qui ita communiter intelligitur in casu scripturæ deperditæ in. l. ne in arbitris. nu. 7. C. de arb. & ante eum Inno. in. c. sicut de re. iudi. & per Bal. in. l. vlt. nu. 13. C. de re iud. & in. l. emancipatione. C. de fide inst. & in. l. testium. C. de testi. sequitur Lanfranc. de Oria. in repe. c. quoniam contra. de proba. in prin. num. 23. vbi indistincte tenet acta posse probari per testes, & dicit de hoc esse casum expressum in. c. sicut. de re iudi.

Quarto respondetur verum esse quod acta non possunt probaci per testes, scilicet

ſcilicet tantum,ſed vbi adeſt ſcriptura,vt adeſt in caſu noſtro, quia Notarius ſcripſit ſe ſcripſiſſe,& recepiſſe teſtes de cõmiſsione Iudicis, hæc ſcriptura licet plene fidem non faciat,ne in cauſa propria videatur teſtificari, vt dicunt Doct.in locis in contrarium adductis, attamen quando talis ſcriptura coadiuuatur teſtibus,debent teſtes admitti,& probabunt, quia licet aliquid fieri prohibeatur, attamen pro adminiculo,& coadiuuatione alterius fieri poterit, vt tradunt Bart. & Doct. in.l.vlt.C.de eden. Inno.in.c. cum clamor de teſti.Abb.poſt alios,& ibi late Dec.in.c.2.de probat.& idẽ Dec.in.l.certi conditio.§.quoniam.num.7.verſ.& hoc idem confirmatur. ff.ſi cert. peta.

Quinto reſpondetur,quod cum extet ſcriptura Notarij aſſerentis de cõmiſſione ſibi facta,& etiam teſtes,iſta probatio dicitur mixta, & ideo admitti debet.Nam etiam ſi extaret ſtatutum quod talis commiſsio non poſſet probari per teſtes,attamen ſi cum teſtibus adeſſet etiam ſcriptura, teſtes ſuplerent fidem ſcripturæ,& probarent, ita in ſpecie ſtante tali ſtatuto concludit Bal.in.d.l.certi conditio.§.quoniam.in fi. verſ.ſecundo quero ſi producatur priuata ſcriptura.quem ibi ſequitur Alex. & omnes ſcriben.& idem Bal.in aut.ſed nouo iure.col.3.C.ſi cert.peta.& in.l.vlt.col.2. C.de fideicom.idem in.l.ſi ex cautione.col.vlt.C. de non nu. pecu.& in.c.paſtoralis. §.quia vero.col.pen.de off.dele.& conſ.270.in prin. & 279. in.4.& Ang. conſ.200.num.5.Alex.in.l.ſi ita ſcriptum.ff.de lib. & poſthu. idem Alex. conſ.58.in 4.& 184.num.7.in 7.Ripa in.l.1.in prin. num.42. de verb. ob. Feli.in.c.2.de probat.& ibi Dec.num.14.verſ.ſexto fallit.ſic ergo & in ꝓpoſito noſtro dicendum, quod licet de iure acta non probentur per teſtes, poterunt tamen probari per ſcripturam, cuius fides licet non in totum plena, comprobatur per teſtes, vt ſupra deductum fuit. Pro quibus addo not.dictum Sali.in.l.1.C.de iis qui ſibi in teſt.aſcribunt. vbi voluit quod licet in cauſa propria quis non poſsit eſſe Notarius,& tale inſtrumentũ non facit fidem,attamẽ ſi per teſtes etiam id probabitur,valebit,ſequitur Marſ. conſ.68.num.28.& conſ.84.num.30.

Sexto reſpondetur, quod cum iam teſtes iſti ſint recepti fidem vtique de ijs quæ depoſuerunt facere debent, tametſi alias non debuiſſent admitti, vt tenet Bal.& Alex.in.d.§.quoniam. & Iaſon octo ſimilibus confirmat in.l. patre furioſo.in.4.col.ff.de ijs qui ſunt ſui vel alie. iur. & ſic reſoluta eſt etiam præſens oppoſitio.

Et per prædicta etiam reſoluitur alia oppoſitio facta in ſexto articulo Scipionis,& etiam in decimo tertio videlicet, quod non conſtet de commiſsione data Auguſtino filio Iacobi primi Notarij defuncti,quod extraheret ex ꝓthocolo ſententiam,& alia,quia imo in facto præſupponitur apparere ſcrituram,& fidem de tali licentia data in decimo ſexto cap. Reipub. Ianuenſis, ideo remittendo me veritati facti circa hoc aliter non inſiſto.

Et pariter ex prædictis reſpondetur illi oppoſitioni, quæ fit in decimo tertio cap.Scipionis,videlicet,quod nõ conſtet proceſſum, & ſententiã ſcriptam fuiſſe

fuisse manu Io.Iacobi primi Notarij,quia respondetur quod cum Augustinus eius filius,cui data fuit commissio extrahendi ex prothocollo, id attestetur,quod sit ex prothocollis manu patris scriptis, illi credendum est, præsertim cum nil in contrarium deducatur,quod arguat suspitionem ꝓcessum non fuisse manu Io.Iacobi scriptum,vt per omnes in.l. si quis ex argentarijs.§.cogendi.&.§.nihil.de eden.& per Specu.& Io.And. in addi.in tit.de instru.edi.§.ostenso.vers. Sed quid si aliquis tabellio legat. et Abb. et ceteri omnes in.c.cum P. tabellio. de fide instr. et per scribem etiam in aut.si quis in aliquo.C.de eden. cum concord.

Quæ omnia quoadiuuantur etiam ex hoc,quod licet asserenti se scripsisse de mandato,et voluntate alterius nõ credatur,vt per Imol.cons.91. col. 1. attamen in ijs quæ verosimilia sunt fidem faciet ex arbitrio Iudicis, ita Bal. in rub.C.de fid.inst.col.antepe. vers. sequitur de scripturis sociorum. quē sequitur Deci.cons. 510. num. 2. Sed nulli dubium quod in præsenti casũ verisimile est,imo quasi necessarium credere quod de mandato Iudicis Notarius scripserit,et non ex se,nam nullum in hoc vertebatur interesse Notarij,et præsertim cum scribendo se de mandato Iudicis recepisse testes,et exemplasse,si verum non esset,incurrisset crimen falsi, quod præsumendũ non est.l.merito. pro Soci. cum vulgar. et præcipue cum probata sit vita innocens,integritas,et bona fama ipsius Notarij, vt in facto præsupponitur,quia bona vita, et fama tollit omnem suspitionem, vt per Alex. in .l. qui iurisdictioni.de iur.omni.iud.et in aut. iubemus. C. de iudi. vbi etiam Ias.et per scribem. in.c.postremo.de appella.et late per Feli.in.c.cum contingat.de rescr.et per Dec.cons.463.num.24. et per Hipol. in prat.crim. in prin.num.8.

Quinto,transeundo ad oppositiones,quæ fiunt contra inquisitionem formatam per Delegatum. Primo opponitur quod fuit formata non præcedente diffamatione,quo casu nulla est inquisitio, vt habetur in.c. qualiter, & quando.il secundo.de accu.& in.c.1.&.2.eo.tit.in.6.& in.c.licet Eli. de simon.& in.c.Deus omnipotens.2.q.1.Spec.in tit.de inquisitio.§.1.in princ. & Bar.in.l.congruit.ff.de off.præsid.& per Cuma.cons.135.Quinimo licet testes producti super inquisitione probarent crimen de quo inquiritur,attamen ex eorum dictis condemnari non posset.ita sing. Spec. in tit. de inquisitio.§.nunc videndum.in.2.col.vbi etiam Bal.in addi.& Hipo. in cons. 40.num.7.& seq.& late per Ang.in tract.malef.in vers.hæc est quedam inquisitio.in quarta prin.q.& Gram.cons.38.num.23. & voto.3.nu.31.& seq. & Hipol.in pract.crim.in.§.constante.num.12.& cons.130. num.5. & quod plus est,Dato quod Iudex ex forma statuti haberet liberam potestatem ꝓcedendi,& sic etiam ex delegatione Principis, tamen non valeret eius inquisitio non præcedente diffamatione.glo.& Bal.in.c.1.de off. ordi. sequitur Ias.in.l.milites.C.de testa. milit. quinimo non valeret etiam statutum quod procedi posit contra non diffamatum,vt dicit Card.in Cle.1. in vlt. col.vers.nono quæro.de off.ordin.& licet in ipsa inquisitione dicatur, & asseratur

asseratur formam præcessisse tamen illis verbis non creditur, nisi aliter ꝓbetur, vt consuluit Fulg.cons.136.in vlt.coll.& Io.de Ana.cons.59.et Dec. cons.170.in.2.col.& cons.189.in vlt. col. & talis ineptitudo, & nullitas inquisitionis reddit omnia postea acta nulla, vt tradit Ang. cons.178.vbi etiã dicit post Gugliel.de cun.in.l.si patronus liberum.ff. de iur.iur. quod talis exceptio poterit etiam post sententiam opponi. Et præterea non videtur quod qualis qualis fama sufficiat sed opportet quod legitime sit probata, vt per Fulg. cons. 136.

Verum hac oppositione non obstante concludendum est, inquisitionem recte formatam, et indubitate de iure procedere debere ex infrascriptis.

Primo, quia cum hic simus in Crimine Læsæ Maiestatis inquisitio procedit etiam nulla præcedente infamia, vt tenet Bar. in extraua. ad reprimen. in vers. inquisitionem.num.29.nam per denuntiationem etiam factam à quocunque potest formari inquisitio, et procedi, vt ibi per Bart.in vers. denunciationem.num.1.et sequitur Præpos.in.c.1.2.q.8.num.64. quos refert, et sequitur Gigas.in tracta.de Crim.Læsæ Ma.sub.tit. qualiter in Crim.Læsæ Ma. procedatur.q.9.nu.4.et seq. Et pro confirmatione facit nam Læsa Ma.et hæresis equiparantur, et de vno ad aliud delictum licite arguitur, vt per glo.et Sali.in.l.2.C.ad.l.iul.Ma.et est glo.Inst.de hered. quæ ab intesta.§.per contrarium.et tradit Card.in Clem.1.§.pen. de hæret. et probatur in.c.statutũ.il secundo.de hæret.in.6.et est etiam glo.in.c.1.de testi. in.6.et glo.in.l.multum.de acquir. hered. At in causa hæresis valet inquisitio etiam non præcedente infamia, vt per Bart. in extraua. ad reprim. in d.vers.inquisitionem.et per Cardi.in.d.Cle.1.§.pen.et in Cle.2.q.2. de hæret.cum multis concord.de quibus per Carer. in tract.de hæret. num.110. et Arelat.in tract.de hære.not.26.nu.3.et Põzin.in tract.de sortileg.nu.88

Secundo quia hæc inquisitio, et processus iste formatus fuit de cõscientia, voluntate, et mandato CAROLI V. IMPERATORIS, vt patet ex tenore delegationis, quo casu stante conscientia Principis procedit inquisitio etiam sine diffamatione, hoc tenet Inno.in.c.cum opporteat.nu.5. vers.in superiori autem casu.de accu.quem sequitur Bal.in.l.nullus.C.ad l.Iul.Ma.et idem sentit glo.in.c.2.de accu.in.6. et sequitur etiam Ang.in tract.malef.in vers.fama publica præcedente.num.5.et sequitur ẽt Cepol. cons.47.num.48.et tenet etiam Præpos.in.d.c.1.2.q.num.59. Alex.cons. 34.num.2.in fi.in.6.et est decis.Delphi.collecta per Franc. Marcum.in.1. thomo.decis.732.incip.queritur quia.nu.2.et Decis.154. queritur an pretium.num.6.Natta.cons.133.num.16.in prin. Neque his obstat si diceretur quod prædicta procedunt, quando Princeps asseruit, et dixit constare sibi de tali delicto, aliàs præsumitur mandasse secundum formam iuris, vt videtur sic declarare Alex.cons.180.nu.11.in.2.quem etiam sequitur Dec. cõs. 170.col.2.vers.nec obst.si dicatur. et cõs.256. in fi. quia respondetur quod Alex.in.d.cons.180.dicit quod Inno.in.d.c.cum oporteat. loquitur quando Princeps affirmat ad notitiam deuenisse, et quod Io.And.ibi dicit quod

Princeps

Princeps hoc assertiue dicat sibi constare, sed in libris meis neque Innoc. neque Io. Andre. id dicunt. Nam Inno. in loco præallegato distinguẽdo dicit sic, aut Princeps in delegatione nominat personas, quæ ad ipsum detulerunt, & tunc Delegatus debet inquirere de veritate famæ, aut Princeps non nominat in delegatione personas, à quibus audiuit dici, sed tantum dictum sit, ad audientiam nostram peruenit, & tunc (inquit Inno.) poterit Iudex inquirere sine aliqua inquisitione famæ, ista sunt formalia verba Inno. quæ optime inseruiunt casui nostro, in quo CAROLVS scripsit ad eũ delatum fuisse, neque aliquem nominat, ideo potuit Delegatus etiam sine alia fama inquirere, neque Io. Andr. ibi aliter dicit, non igitur dicunt illud quod dicit Dec. & Alex. quod scilicet opporteat quod Princeps dicat sibi cõstare de tali delicto, neq; si hoc diceret verũ esset eorũ dictũ, quia si Princeps assereret cõstare sibi de delicto cõmisso à tali, nõ esset opus dubitare de fama, cũ assertiue diceret sibi de delicto ipso, & sic de veritate facti cõstare. Tertio respondetur quod CAROLVS in delegatione asseruit de fama, & probationibus constare in processu formato contra Iulium Cibo, qui ob idem crimen obiectum Scipioni fuit tanquam Rebellis priuatus feudis, & vita, cum ergo se referat CAROLVS ad processum illum quem asserit Iudex se vidisse, relatum est in referente. l. asse toto. de hered. Inst. aut. si quis in aliquo. C. de eden. ergo cum ex illo processu in facto præsupponatur de fama probatum, cessat obiectum, nam acta faciunt notorium. c. cum olim. vbi Abb. de verb. sign. & in. c. pen. de cau. posess. & proprie. & not omnes in. c. ex insinuatiene. de appella. & tradit Abb. in aut. ad hæc. vers. quero nunquid ille. C. de vsur. per tex. in. l. qui sententiam. C. de pen. Ang. in. l. fi. in glo. vlt. de peti. hered. & in. l. 2. in fi. C. de temp. appell. & idem cõs. 10. & cons. 249. c. fi. & Abb. cons. 12. in. 2. & Dec. cons. 682. num. 3. Nam quid quid in aliquo iuditio probatum est, notorium esse dicitur, vt tradit Anto. de But. in. c. fi. in. xj. not. per illum tex. de temp. ordi. Quinimo euidens dicitur, quod ex actis cõstat, vt dicit Bar. in. l. fi. de pub. iud. Et præcipue quando ex actis illis lata est sententia, quæ transiuit iu rem iudicatam, cum pro veritate habeatur. l. res iudicata. de reg. iur. & in spetie tradit glo. not. in. c. significauerunt. in vers. liquere. vbi Abb. post alios de testi. & idem Abb. in d. c. cum olim. Et ideo ex actis. d. processus potuit Iudex ex offitio supplere etiam nemine petente, cum vt dixi ad ista acta referat se delegatio, & ideo sint pars ipsius delegationis tanquam relata, vt dixi, vt tenet Ant. de But. in. c. ex tenore. vers. nota hoc dictum. de rescr. & in. c. cum dilectus. vers. pridie dicebatur. de consue. & tradit Ang. in. l. si vnus. §. pactus ne peteret. ff. de pact. & Alex. in. l. 1. C. vt quæ desunt aduo. & idem cons. 186. ante fi. in. 2. & Aret. cons. 48. num. 6. & Roma. cons. 237. num. 4. Neque his obstabit si opponeretur, quod acta in illo iudicio contra. q. Iulium non debent obesse Scipioni non citato in eo iuditio. toto titulo res inter al. acta. quia ad hoc respondebo in sequenti oppositione facta, quod scilicet nullis præcedentibus inditijs citatus fuerit, imo & condemnatus.

Quar-

[Qu]arto respondetur, quod, vt in facti narratione scriptum est, in hoc iudicio probatum fuit, quod tempore quo facta fuit inquisitio, Scipio erat diffamatus de hoc delicto, ergo fama optime probata suberat etiam tunc temporis, ergo cum de veritate famæ nunc constet, non est vlterius querendũ, sed illi standum.l.fi.in vers.veritati locum semper fore.ff.de probat.& habetur in.l.1.in fi.C.de lati.liber.toll.& licet simplici assertioni Iudicis, asserentis in inquisitione præcessisse famam, secundum aliquos, non credatur vt dictum est in contrario supra, vt per Fulg.cõs.167.in.2.col. & cons.136. in vlt. col. Attamen illius dictum comprobatum testibus etiam ex post examinatis probabit, per ea quæ supra late deduxi respondendo oppositionibus factis cõtra fidem Notarij in quinta responsione, dum probaui, quod licet alicui non credatur, attamen fides illius coadiuuatur testibus ad comprobationem eius examinatis, ita vt probet.

Neque his obstat si opponatur, quod inquisitio quæ nulla est, ex eo quod nulla præcessit infamia, vel nulla inditia non conualidatur, si de nouo superueniant infamia, vel inditia, vt est glo.not.in.l.maritus.ff. de questioni. vbi Bar.& etiam Bal.in.l.fi.C.de accu.in.1.col.cum concor. de quibus per Ang. in tract.malefi.in vers.fama publica.num.191.vers.quinto quero.& Hippo. in prat.crim.in.§.secunda.num.3.& Corn.cons.134.num.4.in quarto.& Gram.cons.crim.21.nu.20. Quia respondetur quod cõtraria procederent forte quando fama post inquisitionem superuenisset, sed non dicimus nos quod fama sit probata, quæ post inquisitionẽ supuenerit, sed dicimus ante inquisitionem talem famam extitisse, & hoc nunc probatũ esse, quod tunc extabat, & ideo satis dicitur probatum famam præcessisse inquisitionem.

Quinto etiam respondeo, quod dato quod tunc contra Scipionem non laborasset fama, attamen cum extarent indicia, & quidem proxima, vt infra in sequẽti articulo deducemus, valet tamen inquisitio ex inditijs formata nulla diffamatione, hoc tenuit Ang.in tract.malef.in vers. fama publica. nu.3. vers.sed quid si contra titium.quem ibi sequitur Aug.de Arim.in addi. vbi dicit hanc conclusionem veram, cum fortiora sint inditia super ipso facto, siue delicto, quam diffamatio, nam per inditia deuenitur ad torturam.l.1. §.2.&.3.de quest.quod plus est, multomagis per ea poterit deueniri ad inquisitionem, quod minus est, & hos sequitur Hipo.in prat.crim.§. constante.num.19.& idem Hipo.cons.79. num. 7. & 8. sed in facto præsuponitur tempore inquisitionis multa extitisse inditia contra D. Scipionẽ, vt & mox dicetur, ergo potuit formari inquisitio etiam fama nulla præcedente, licet vere præcessit, vt supra dictum fuit.

Sexto etiam possem respondere, quod ista inquisitio fuit formata ex mero offitio Iudicis Delegati, vt dicitur in d.inquisitione, quo casu quando proceditur ex mero offitio, non requiritur diffamatio, vt tenuit Ang. in.l. si vacantia.C.de bon.vacan.num.177.quem sequitur Ang.de malef.in vers.hæc est quedam inquisitio.num.57.& Hipo.in prat.crim.§.constante. num.20. vers.item dicit quod alius est casus.super quo tamen non insisto, quia scio

C plures

plures contrarium tenuisse,vt per Hipo.in.d.§.constante.nu.22.vers. modo redeundo.& per Iul.Clarum.lib.5.recep.sententiarum.§. fi. q. 6. vers. idem etiam Ang.

Sexto opponitur etiam cõtra ipsam inquisitionem, quod fuit facta nullis praecedentibus inditijs contra Scipionem,ergo nulla , vt per Cuma. cons. 135. post princ. & Fulgos. cons.107. super eo.& cons. 149. super inquisitione. in fi.& cons.173.in causa inquisitionis.post prin.& not.in.l.1.&.l. maritus. de questioni.& in.l.sicut.C.ad.l.corn.de fals.& per Hipo.in prati. crim. §. constante.num.33.& seq.vbi multa ad hoc congerit,& in terminis quod in crimine Laesae Ma.praecedere debeant inditia alias inquisitio sit nulla.tex. est not.& ibi glo.Cin.Bal.Sali.& alij.in.l.si quis aliqui.C. ad.l. Iul. Ma. & Ang.in tract.malef.in vers.che hai tradito la tua patria.in primis verbis,& late per Hipo.in.l.pen.in.5.q.prin.ff.de questioni.& in prati.crimin.§.diligenter.num.175.& per Alex.cons.120.num.1.in 7. vol.& per Gram. voto. 24.num.33.cum multis similibus concord. quae adduci possent. sed ad hoc respondetur ẽt pluribus modis. Primo quod in atrocioribus, pro vt est crimen Laesae Ma.de quo agimus,procedit inquisitio ẽt sine inditijs, iux. tex. in.l.si quis in hoc genus.C.de Episc.& cler. & per illum tex. & alia ibi adducta in terminis hoc tenuit Gigas.in tracta. de crim. Laesae Ma. sub rubr. qualiter in Crim.Laesae.Ma.procedatur.q.9.num. 6. pro cuius opin. facit licet ipse non deducat,quod propter casus grauitatem licitũ est iura transgredi,vt inquit Bal.in.l.obseruare.in.x.q.de off. procons. comprobatur & alia ratione,quia in seditionibus,& tractatibus contra Principes, & Ciuitates omnia secrete fiunt, ideo propter probationis difficultatem poterit, deueniri ad torturam etiam sine inditijs,vt voluit Bal. in.l. quicunque. C. de seru.fug.& videtur sequi Aug.de Arim.in addi.ad Ang. malef.in vers. che hai tradito la tua patria.in prin.& sequitur Franc. Brun. in tracta. de inditi.& tortu.in.5.q.prin.secũdae partis prin. nu.6. sequitur etiam Gram. cons. 40.num.7. & praedictis non obst. tex. in contrarium supra adductus in.l.si quis aliqui.C.ad.l.Iul.Ma.Quia respondet Aug.& Franc.Bru.in locis praeallegatis,quod ille tex.loquitur in casu, in quo haberi non possunt, sed quia ipsimet dubitant de hoc intellectu, quia esset valde restringere illum tex.ideo ego aliter respondeo,& dico quod ille tex. loquitur in accusatione,non in inquisitione de qua nos loquimur , & inter has maxime est circa hoc differentia, nam in accusatione accusator debet venire paratus, neque temere ad accusationem prorumpere, sciens sibi penam calumniatoris esse indictam si deficiat in probatione,& ideo sibi imputandum, si deuenit ad accusandum absque aliquibus inditijs, iux.l. qui accusare.C.de eden. At in inquisitione secus est,in qua Iudex ꝓcedit ex offitio. Et ideo nõ potest ipse ita facile reperire inditia, prout accusator, ideo videmus quod super inquisitione testes qui aliqualem oppositionem patiuntur admittuntur,qui tamen non admitterentur,si procederetur per viam accusationis, vt de minore.20.annis tradit.Ang.in tract.malef.in vers. comparent d. inquisiti,

quisiti,& negant totum.num.13.vbi etiam Aug. de Arim. comprobat, sic etiam dicebat.Fulg.cons.188.quod domestici admittuntur, quando per inquisitionem,non quando per accusationem, sequitur Gram.cons. 45. nu. 12. Sed & tertio ego respondeo, quod tex.ille loquitur quo ad torturam, idest quod non possit quis torqueri sine aliquo inditio,at nos loquimur de inquisitione tantũ, an scilicet in his occultis possit formari inquisitio absq; inditijs præcedentibus,& certum est quod facilius deuenitur ad inquisitionem,& ex leuioribus inditijs,quam deueniatur ad torturam,vt tenet Sali. in.l.fi.C.de question.& Ro. in.l.si certus.ff.ad sillan. sequitur Alcia. in. c. perniciosam.de off.ordin.num. 45.

Secundo respondetur,quod imo apparebant inditia plura. Primo enim ex ꝓcessu formato contra Iulium Cibo,quem asserit Iudex ante formatam inquisitionem vidisse,constabat Scipionem complicem , & conscium Criminis Læsæ Maiest.pro quo fuit condemnatus,& decapitatus. d.q.Iulius Cibo,& licet regulariter probationes , & acta contra vnum ex correis sumptæ in vno iuditio,non noceant contra alium correum in alio. toto tit.C. res inter alios acta.& in.l.1.C.quib.res.iud.non noce. & in.l. sæpe.ff.de re iudi.& in.c.inter dilectos.§.porro.vers.nec attestationes.de fid.instr.quia ex facto vnius alter grauari non debet. l. non debet. de reg. iur. & tradit Abb.post Butr.in.c.pen.in prin.de re iud.illa tamen regula vera est , & ꝓcedit quo ad condemnationem,vt scilicet non possit vnus correus, ex probationibus contra alterum correum in alio iuditio factis, condemnari, & est ratio quia testes non probant cõtra aliquem nõ citatum.l.si quando. C. de test.c.2.eo.tit.At bene poterunt operari ad inquisitionem,vel ad capturam,quia licet plene non probent operantur tamen , & probabunt quo ad aliqualem præsumptionem,etiam contra alium correum,vt tenet glo.in.l. si patroni.in prin.de iur.iur.vbi Ias.post alios & glo.in.l.2.C.quib.res.iud. non noc.& glo.in.l.1.in vers.præiuditium.ff.de excep.rei iud. & glo.in.l.à sententia.in prin.ff.de appella. & glo.in.c.cũ insuper.in vers. interpositam. de re iud.& glo.in.l.1.C.de fals.& in.c.dilectus.il secundo.in vers. dantes. in si.de simo.& in.c.ordinata.59.dis.Bar.in.l.admonendi. col.3. vers.quero quid sit dicta testium.ff.de iur.iur.vbi dicit quod facit semiplenam probationem,& in.l.lutius.ff.de ijs qui not.infam.Dec.post glo. & alios in.l.2. C.de eden.num.45.vbi respondet contrarijs,& late Alex. in repe. l. sæpe. de re.iud.num.70. & seq.

Tertio extabat etiam dictum Iulij Cibo socij criminis, qui asseruit sæpe, & extraiudicialiter,& in ipso iuditio quod coniurationem , & conspirationẽ fecerat simul cum Scipione Flisco,& quod ipse erat particeps omnium, vt apparet ex eius confessione coram Iudice facta, & in hoc processu deducta,& licet aliqui videantur tenere quod socius criminis non sufficit ad inquisitionem,prout ad hoc allegatur Fulg.cons.136. in causa criminationis.col.fi.& cons.106.super eo.num.4. et Dec. cons.186. num.8. et seq.et cons.175.in causa falsitatis.vers.secundo dato quod eius dictum. cum alijs adductis per Hip.in prat.crim.§.constante.num.93.et in.§. diligenter.nu. 67.& cons.78.num.17.Gram.cons.35.num.52.& cons.38.num.19. & seq.& cons.44.num.3.

Attamen aduertendum est,quod prædicta possunt procedere in ijs, in quibus socius criminis de socio interrogari non potest, at in ijs in quibus potest interrogari, Dico veriorem, & cōmunem esse opinionem,quod saltem ad inquirendum sufficiat,vt tenet Alex.cons.69.num.7.& cons.89.num.2.in 3.vbi quod imo eo casu faciet etiam inditium ad torturam quod plus est, & quod ad inquisitionem socius sufficiat consuluit Bal. cons.95.incip.regula iuris.in prin.1.vol.vbi expresse tenet quod licet non faciat probationem plenam,aut semiplenam ad condemnationem, facit tamen ad inquirendum,idem tenet Panor.in.c.1.de confess.num.2.&.6. & Gram.cons.61. nu.2.& in terminis Criminis Læsæ Ma. quod socius criminis faciat inditiū tenet Alex.cons.13.num.14.in.6. Quinimo plus dicit ibi num.15.quod ad probandam conspirationem factam contra aliquem priuatum possunt recipi testes etiam socij criminis,etiam si forent periurij, quia iurassent non reuelare,& etiam si pretium accepissent,vt probatur in.c.fi.de testi.coge. & bona.glo.in.c.veniens.il primo.de testi.& ibidem dicit Alex. quod conspiratio potest dici omnis conuenticula,vel cōiuratio multorum, quæ fiat ad actum illicitum.c.coniurationum.cum.4.cap.seq.11. q. 1.vbi etiam notant scrib.& habetur in.c.1.§. conuenticulas. de pace iur.fir. siue ergo simus in Crimine Læsæ Ma.prout vere sumus, siue etiam essemus in crimine conspirationis contra Rempub. Ianuensem, vel etiam contra Illustriss. Principem Auria,habemus decisionem quod socius criminis procul dubio admittendus foret etiam ad condemnationem, vt ibi tenet Alex. Quanto ergo magis idem dicendum in Crimine Læsæ Ma.& quando agitur de inditio ad inquirendum tantum,non ad torturam,neque ad condemnationē & ibidem Alex.concludit quod per participes criminis in casu suo rei poterunt damnari,& publicari bona,& prædicta confirmantur per doctrinā. Angel.in.l.& si certus.num.3.ff.ad Sylla. vbi dicit & nota quod principalis delinquentis dicto nominantis consocium standum est,quo ad hoc vt Iudex possit iuste inquirere contra socium,non tamen erit regulariter sufficiens inditium ad torturam,& idem dicit ibi Roma.num.2.& ante eos Iacob.de Aren.ibidem & Alberic.& Bal.& Igne.num.50.col.fin.idem quoq; tenuit Sali.in.l.fi.num.11.C.de accu.sequitur etiam Gram.cons.21.num.8. & cons.66.nu.2.& ante eum Aug.de Arim.in addi.ad Ang.de mal.in vers. fama publica.num.31.vers.& ideo Ang.& Roma.& Io.de Amicis.cons.27. num.3.& 5.vbi dicit hanc communem,&Iul.Clar.recep.sententia.lib.5.§. fi.in 21.q.vers.restat igitur cōmuni.vbi plus dicit,quod ista conclusio,quod dictum socij criminis solum sufficiat ad inquirendum vera est, non modo in criminibus exceptis,in quibus socius de socio interrogari potest, sed ēt in quibuscunque alijs,item quod procedit nedum quando socius interrogatus nominauit socium,sed etiā quādo sponte nominauit, allegat Blanc.

in

in tract.de inditi.& tortur.num.378. & Villalob. in tract. commun. opin. in litera.c.num. 203. licet in his extensionibus nunc non insistam, quia ad casum nostrum esset superfluum, cum simus in casu Læsæ Ma. vel conspirationis, in quo, vt dictum est, potest socius criminis interrogari de socijs, & sumus in eo quod interrogatus respondit, Quæ eo maxime procedunt in casu nostro, in quo tale delictũ rebellionis, & conspirationis non potuit fieri à Iulio Cibo solo, sed opportuit quod haberet multos complices, & auxiliatores, quo casu debet de socijs interrogari, & facit inditium socius, vt inquit in spetie Sali.in.d.l.fi.C.de accu.nu. 70. et quod socius faciat inditium contra socium ad inquisitionem dicit communem Valla. cons. 16. nu.2.quando sumus in exceptis criminibus, prout est præsens casus, et idẽ dicit se semper vidisse obseruari, idem Iul.Clar.in.d.§.fi.q.21. vers. si vero queris.vbi tenet quod ex solo dicto socij criminis in casibus exceptis poterit procedi non modo ad inquisitionem, sed etiam ad citationem, quæ etiã coadiuuantur in præsenti casu, considerata qualitate personarum Iulij nominantis, et Scipionis nominati, Iulius enim erat persona nobilis, et qui verosimiliter in pernitiem alterius non nominasset innocentem, maxime cũ sibi nil prodesset talis nominatio, et præsertim cum esset valde amicus Scipionis, et Scipio erat persona talis quæ offensa erat à Repub.Ianuensi, et ẽt à CAROLO IMPERATORE quia et occiderant fratrem Hieronimum, et Castrum Montobij expugnauerant, et alijs bonis priuauerant. Ex quibus apparet istam nominationem de persona Scipionis fuisse verosimilem, et ideo concurrente qualitate personarum, et verosimilitudine nominatonis, vtique socius criminis facit contra socium inditium etiã ad torturam vt tradit Sali.in.d.l.fi.C.de accu.num.6. et probat tex.in.c. fidei.§. fi.de hæret.in 6.quem tex.ad hoc adducit Areti.in.c. cum P. manconella. col.7.de accu.quem sequitur Grammat.cons.38. num. 26. et in spetie etiã hoc tenet Ludouic.Catus.in.1.tom.cons.crim.in 4.cons.99.nu.23. et seq. Accedat etiam quod Iulius nominans Scipionem perseuerauit in ea nominatione vsque ad mortem, neque vnquam vel in ipso mortis articulo, dum ex eodem crimine fuisset ad mortem damnatus reuocauit, sed in illa perseuerauit, quo casu multum confirmatur eius nominatio, cum nemo, et maxime nobilis, vt talis erat Iulius, præsumatur immemor salutis æternæ, et maxime in articulo mortis, et præsertim dum pro delicto damnaretur ad mortem, quo casu sunt in pleno intellectu, et summa contritione solent peccata confiteri, et exonerare conscientiam suam, non onerare, et grauare. iux. l.vltimum.C.ad. l. iul. repet. et in.c. sancimus. 1. q.7. et est etiam glo.not.in.l.1.C.de fals.cau.adiec.lega.in glo.fi.col.med.et ideo tales non præsumuntur mentiri, vt dicit Bal.cons.162.num.4.in fi.in.2.vol.et in terminis tradit Hipo.in prat.crim.§.restat.num.1.et 2.et in.§. diligenter. nu. 119. Adde etiam prædictis quod sumus in crimine quod solet occulte committi, et ideo difficile possunt haberi probationes, quo stante socius criminis facit inditium, vt per Ant.et alios in.c.quoniam.de test.et Aret. cõs.61. ad fin.

ad fin.et probatur in.c.fi. de test. cogen. vbi glo.et Panor. et Bal.in ſpetie hoc tradit.in.l. quoniam. col.1. verſ. quero igitur. de teſti.qui loquitur in ſpetie in probanda coniuratione,ſequitur etiam in terminis Dec. cōſ.343. num.3.& ſequitur Gram.voto.3.num.6.& ante eos idem tenet Paul.conſ. 348.col.vlt.verſ.nunc queritur.in prin.&Alex.conſ.13.nu.14.verſ.præterea eſt clarum.in.6.& conſ.pariter.13.in vlt.verbis.& conſ. 120.nu. 3.in. 7. vbi etiam in ſpetie loquitur de probanda cōiuratione,& ſequitur eū Crau. conſ.178.num.3.& Marſil.in.l.1.§. Diuus Antoninus.in fi.ff. de queſtion. Adde & poſtremo quod in præſenti caſu non ſtat ſolum hoc dictum Iulij ſocij criminis,ſed concurrunt etiam aliæ præſumptiones,& inditia contra Scipionem,de quibus tam ſupra dictum fuit,quam etiā infra dicetur. Quo ſtante concurrunt omnes, quod dictum ſocij ne dum facit inditium ad inquirendum,ſed etiam ad torturam, imò & ad condemnationem, ſi plura ſint,& vrgentia,maxime in atrocioribus,& occultis,ita Alex.conſ.69.c.fi. verſ.& tanto magis.2.vol.& conſ.89.col.2.in. 3. verſ. quinimo ſecundum Salic.& Soc.conſ.95.col.4.in.3.vbi tenet quod dictum ſocij criminis ſupletur ex dictis teſtium de auditu,idem tenet Calcan.cōſ.110. col.1. vbi voluit quod dictum ſocij criminis cum diffamatione rei faciat ſemiplenam probationem,& ſi dictum ſocij concurrat cum vno alio teſte idoneo fiet plena probatio,& tradunt etiam ferè omnes in locis præallegatis.Ex quibus colligitur quod iſtud eſt verum,& concludens, ac ſufficiens inditium ſumptū ex dicto ſocij criminis ad inquirendum ſaltem,nam Aret.d.conſ.136.nō loquitur in ſocio capto,& interrogato nominante ſocium, & cum ea nominatione in pena capitis moriente,& perſeuerante, ſed loquitur in teſte ſocio criminis producto per partem,qui quidem caſus longe differt, à noſtro licet reperiam quod Boſ.in tract.crim.ſub.tit.de inquiſitio. num. 44. aliter reſpondet ad.d.conſ.Fulg.107.num.4. quia loquitur in caſu in quo de iure ſocius non poterat interrogari de ſocio,vt expreſſe ibi dicit, ſimiliter non obſt. conſilium Decij.189.num.8.quia pariter loquitur in teſte examinato à parte,non autem in ſocio detento,& interrogato , & perſeuerante in nominatione ſocij vſque ad mortem,vt ibi videri poteſt,& ideo ad id allegat.d.conſilium Fulg. de quo ſupra, & idem reſpondeo ad conſiliū eiuſdem Decij.175.quia pariter loquitur in ſocio criminis in teſtem producto, neque curandum de dicto Marſil.quia eſt ſimplex relator, & eius dictū debet intelligi ſecundum terminos in quibus loquuntur Doctores per eum allegati,ſecundum Bar.in.l.non ſolum.§.liberationis verba.de libera.lega. & in.l.cum quidam.ff.de ijs quib.vt indign. Quod etiam dico de Gram. in conſil.in contrarium adductis , quia intelligendus eſt ſecundum terminos prædictos,alias eſſet ſibi contrarius,quia,vt ſupra deduxi,in pluribus conſilijs tenet,quod dictum ſocij ſufficiat ad inquiſitionem,& præſertim in atrocioribus,& occultis,& concurrentibus alijs circunſtantijs de quibus ſupra,& ita etiam dicit ſeruari in pratica Boſſ.in tit. de indi.& conſiderandis ante torturam.nu.182. Et ideo aduertendum quod aliud eſt querere an dictum

ctum socij faciat inditium ad inquisitionem faciendam, vel ad capturam, quo casu concludendum quod, sicut supra probatum fuit, aliud est querere an faciant inditium ad torturam, vel ad condemnationem sufficiat, quia fateor quod multi tenuerunt quod ad torturam solum dictum socij criminis non faciat inditium, & minus ad condemnationem, prout plures hoc tenentes refert Boer.decis.319.& Rolan.à Valle cons.16. num. 17. & Gram. voto.6.num.7.& cons.73.num.20.in prin.& in spetie in Crim. Læsæ Ma. tradit Afflict.in const.Regni sub rub.27.num.34. Sed, & certum est hoc, & communis omnium opi. quod tale dictum socij coadiuuatum cum alio teste, vel alio inditio facit inditium ad torturam, vt tradit Sali.in.d.l.fi.C. de accu.c.fi.vers.sed ego respondeo.quod dictum Sali.Boss.in tract. male. sub tit.de inditi.& consid.ante torturam.num.149.dicit quotidie praticari à Doctoribus, & quod omnes illud sequuntur & Iul.Clar.recep.senten. lib.5.§.fi.q.21.vers.sed quid in criminibus exceptis. in fi. dicit se sæpius vidisse seruari, & idem tenet Afflict.in const.Regni. si damna clandestina. in 9.nottin.5.q.est mihi num.34.& Luc.de Pen. in.l. si vacantia. num. 4.C. de bon vacan. lib.x.

Neque etiam obstat si prædictis opponeretur quod dictum socij criminis non facit inditium nisi in tortura fuerit receptum, vt tenuit Gabriel de Oseletis quem sequitur Alberic.in.l.fin.C.de accu.col.2.vers. Gabriel de Oseletis.& Fulg.cons.173.col.1.num.1.in fi.& refert Hipol.in prat.crim.§.diligenter.num.61. Quia respondetur quod Alberi.in.d.l.fi. in fi.non videtur in hoc sequi opin.Gabrielis, sed tantum concludit quod si fuerit interrogatus in casibus, in quibus interrogari potuit, faciet inditium ad torturam, de quo nunc non tractamus, sed tantum an faciat inditium ad inquirendũ de quo non loquitur Gabriel. Præterea Cassane.in comen.const. Burgũd. in tit.de iustizes.rub.1.§.5.vers.al arbitrage.num.14.est mihi fol.44.col. 2.dicit quod sæpius allegauit illud dictum in curia, sed nunquam potuit obtinere, & dicit etiam Simancas in tracta.de hæresi.c.62.num.6. quod inditiorum vsus hoc non admittit, sed dato quod seruaretur illud dictum, ꝑcederet quo ad torturam, non quo ad inquisitionem de qua nos loquimur, vt dixi.

Quarto extabat & aliud fortissimum inditium nempe fuga Scipionis, nam ꝓbatum est, vt mihi in facto præsuponitur, quod post excessum, & facinus illud Io.Aloisij eius fratris nunquam fuit visus sub ditione CAESARIS & quod plus est. quod. d. Scipio audita captura Iulij Cibo statim aufugit in Galliam euitando terras subditas ditioni CAESAREAE, transeundo per ditionem Venetorum, & Eluetiorum, quæquidem fuga maxime ante inquisitionem sequuta, maximum facit inditium contra fugiẽtem, & ad torturam, & ad condemnationem, si alia extant inditia, vt tradunt omnes in.l.fi.ff.de question.& in.l.in lege.corn. ff. ad silla. & fuit originalis opin. Din.in.l.diuus.ff.de custo.reor.quam dicit communem.Roma.in.l.admonendi.num.70.de iur.iur.& ibidem Cur.Sen.num.130.&Cato Saccus.nu.

78.& Iaſ.in repe.num.158.& Ripa.num.168.& hanc dicit de conſuetudine obſeruari Io.Andr.in addi.ad Specu.in tit.de præſump. §.1. ſub num. 3.& late Ang.in tract.malef.in verſ.fama publi.nu.46.verſ.an fuga.vbi Auge. in addi.& Marſi.in prat.crim.§.diligenter.num.41.& ſeq.& Boſſ. in tract. de inditi.num.49.& Iul.Clar.lib.5.recep.ſententia.§.fi.in.21.q. verſ.fuga delinquentis. & quod quando vnus eſt nominatus à ſocio criminis ſi aufugit, quod maximum ſit inditium contra eum addita nominatione ſocij, tenet in ſpetie Alex.conſ.65.num.x.verſ.accedit etiam fuga. in prin.& quē refert, & in terminis ſequitur Gramma.conſ.17.num.18.& ſeq.& conſ.57. num.20. & ante eos idem voluit Bal. conſ. 429. in 3.

Et ſic ex prædictis patet inquiſitionem validam,& legitimam,cum & fama,& inditijs præcedentibus fuerit formata, omitto nunc plura alia inditia quæ contra eum ſunt vehementiſsima, de quibus infra ſuo loco latius diſſeremus, dum tractabitur an Scipio vere ſit reus criminis Læſæ Ma. obiecti, nam ſatis ſit hoc loco docere inquiſitionem,cuius nullitatem vrget D.Scipio,fuiſſe ſeruatis ſeruandis formatam, & præcedentibus vrgentibus inditijs,& præcipue proceſſus contra Iulium Cibo formatus,nominatio eiuſdē Iulij aſſerentis Scipionem complicem ſuæ coniurationis, & fuga eiuſdem Scipionis,quorum,vel vnum ſuffeciſset ad hoc, vt poſſet contra eum formari inquiſitio. Nunc deueniendum ad alias oppoſitiones Scipionis factas contra eandem inquiſitionem.

Septimo opponitur quod in inquiſitione non adeſt locus, aut tempus quibus aſſeratur delictum obiectum commiſſum fuiſſe,quorum omiſsio proculdubio vitiat inquiſitionem,vt tradit Bal.in.l.libellorum.ff.de accu.extendendo illum tex.qui loquitur in accuſatione etiam ad inquiſitionem, & idem Bar.tenet in.l.2.§.ſi publico.ff.de adul.& tradunt omnes Cano.in.c.qualiter & quando.§.debet.de accu.& tradit Præpoſ. Alex.in. c. de accuſatione.33.col.in fi.2.q.8.& hanc dicit communem Aret.in.d.§.debet.num.115. & ita dicit obſeruari per totum mundum.Ang.in.l. ea quidem. num.3.C. de accu.& hanc concluſionem nō habere aliquam difficultatem dicit Iul. Clar.lib.5.recep.ſenten.q.31.verſ.quod de anno. & in terminis quod tempus,& locus in inquiſitione pro crimine Læſæ Maie. ſit apponendus tenet Bar.in extraua.ad reprimen.in verſ.inquiſitionem. num. 31. vbi mouetur, quia non debet reus in tanto crimine vagari,iux.l. prætor edixit. in princ. ff.de iniur.&.l.idē exigit.ff.de dolo. ſequitur ſimpliciter Gigas.in tract.de crimi.Læſæ Ma.ſub rub.qualiter in crimi.Læſæ.Ma. ꝓcedatur.q.8.nu.4.

Verum huic oppoſitioni reſpondetur,quod procedunt contraria quando locus,&tempus eſſet certus,ſecus autem quando de natura ipſius delicti tempus,& locus eſt incertus, vt quando clandeſtine ſit, vt in crimine falſi, ita Bal.in.c.1.ad.fi.quib.mod.feu.ami.ſequitur Alex.in addi.ad Bar. in. d.l.libellorum.ff.de accu.in verſ. apponi locus. & in verſ. item in crimine falſi. ſequitur Aug.de Arim. in addi. ad Ang. de malef.in verſ. hæc eſt quædam inquiſitio.in quarta.q. prin. eſt mihi. num. 64. & in addi.ad verſ. de anno

præſenti.

præsenti nu.1.& tenet etiam Bal.quem Aug.allegat in.c.1.quib. mod. feu. am.num.20.in fi.& ibi Math.de Afflict.in.§.1. num. 42. dicit ex hoc sequi vnum mirabile quod in omnibus criminibus quæ de sui natura occulte fiũt non requiritur expresio loci,& temporis in libello accusationis, sed in cri mine Læsæ Ma.præsertim quando non potest coniuratio sortiri effectum, quia ante exequutionẽ fuit manifestata,vt in casu nostro, omnia fiunt occulte,vt experientia docet,ideo non debet apponi,alias corruerent omnes inquisitiones.

Secundo respondeo,quod crimen hæresis,& Læsæ Ma.equiparantur.c.verũ. 6.q.1.glo.inst.de hered.que ab intest.§.per contrarium. glo. & Sali.in.l.2. C.ad.l.iul Ma.& glo.in.l.multũ.de acquir.hered.& in.c.2.&.c.cum secundum.de hæret.in 6.& Gard.in Cle.1.§.pen.de hæret.sed in crimine hæresis etiam in accusatione non requiritur expresio loci, & temporis, prout in quolibet crimine,quo leditur Diuina Maiestas,ita pul. Ang.in aut.quomo. opor.Episc.§.fi.& sequitur Aug.de Arim.loco præallegato, ergo idem dicendum in Crimi. Læsæ Maiestatis.

Tertio respondeo, quod contraria procedunt in delictis momentaneis, idest quæ vno tempore committuntur, secus autem in ijs, quæ habent causam successiuam,vel continuam, ita pul.declarat Bar.in.d.l.libellorum.nu.16. in fi. At qui in casu nostro delictum istud procul dubio habet causam successiuam,quæ per plures menses durauit, & forte annos, et in varijs locis fuit tractatũ hoc delictũ, vz. et in territorio Ianuen. et Romæ, et Mirandulæ,et etiam alibi,ergo non erat neccessaria expresio loci,aut temporis.

Quarto etiam respondeo,quod inquisitio fuit etiam formata ex eo quod sciuit,et conscius fuit tractatus facti à Iulio Cibo, et tamen non reuelauit, ꝑ vt tenebatur,sed tacuit,et neglexit ꝓpalare,quo casu cum simus in delicto negatiuo,nõ erat exprimẽdus locus,aut tẽpus,ꝑsertim cũ nullũ sit tempus, nullus pariter locus determinatus,in qbus debuisset fieri talis denunciatio, aut reuelatio,vt in terminis ita declarat Bar.in.d.l.libellorũ.nu.x.de accu.

Quinto respondeo, quod contraria procedere possunt in accusatione, secus tamen in inquisitione,quando maxime verosimiliter non potest facile sciri locus,et tempus,ita in specie tenet Inno.in.c.fi.de purg.cano.quem sequitur Bal.in repe.l.edita.C.de eden.in 9.oppo.num.30. vbi etiã assignat differentiam inter accusationem,et inquisitionem, nam in accusatione dubitatur de calumnia,et odio,non ita in Iudice inquirẽte,præterea dicit Bal. nulla est lex quæ vellit locum,et tempus in inquisitione apponi, ideo erubescimus cum sine lege loquimur.l.illam.C.de colla. Præterea dicit Bal. sequeretur quod certus esset Iudex de delicto, et tamen ignarus de die, et tempore,quod delictum remaneret impunitum,quod est absurdum. Addit et aliam rationem Bal.nam si in generali inquisitione non requiritur generalis expresio loci,aut temporis,iux.not.in.c. Abbate. de re. indi. in.6. quare etiam non debet subsistere specialis inquisitio, maxime subsistente causa verosimilis ignorantiæ, et hanc doctri. Bal. sequitur etiam Aug.de

Arim,in.d.q.4.num.63.et licet Bar.in.l.2.§.si publico.num.12.ff.ad.l.iul. de adul.videatur contrarium sentire,tamen Abb.in.d.c.si. de purg. cano. defendit Inno.vt eius opin.vera sit,saltem quando sunt occultæ, siue igno rantur circonstantiæ loci,vel temporis, prout erant in casu nostro, & idẽ tenet ibi Anto.de But. num. ix. & ibi etiam Io. Andr. idem tenet in vers. promotus,& idem tenet etiam ibi Hosti.col.pen.in.d.vers.promotus.

Sexto etiam respondeo,quod debuit opponi per partem, & peti vt exprimeretur,alias non vitiatur inquisitio, vt tradunt omnes per illum tex.in.c. qualiter & quando. il prin. de accu.vbi Feli.in 2.not.num.3. in prin.& nu. 5.vers.sed posset ita distingui.vbi quod si aliquid requiritur pro solemnitate quod requirat fauorem partis,si omittatur,& non opponatur non vitiatur actus,sed certum est quod locus,& tempus requiritur exprimi in fauorem partis,ne scilicet vagetur in incerto.d.l.pretor edixit.in prin. de iniur.ergo si non opposuit sibi imputetur, & hoc tenet glo.in.d.l. libellorũ. §.quod si libelli.in vers.aboletur.de accu.&licet Iudex si velit,posit ẽt par te non petente reijcere accusationem ineptam, vt ibi tenet Bart. & dicit obseruari in practica,attamen non dicit quod cogatur Iudex reijcere etiã parte non opponente,&si illud est in accusatione,multo magis idem dicendum in inquisitione,in qua multi tenuerunt non requiri talem expresionem loci,& temporis,vt dixi supra,& traduut scriben. in locis supra allegatis,& plures enumerat Feli.in.c.qualiter. il secundo.§. debet. num.3.de accu.& quod ista oppositio non appositi loci,& temporis non posit opponi post sententiam etiam in accusatione tenuit expresse Gandi. in tracta. malef.sub rub.qualiter fiat accu.nu.5.vers.sed quero nũquid exceptio ista. & sequitur Soci.multis comprobando,& respondendo contrarijs cõs.146. num.13.in prin.cui consilio se subscripsit Corn.cons.80.in. 3. qui num.13. pariter tenet oppositionem partis requiri ante sententiam, & quod post opponi non poterit,& hoc idem etiam sequutus est idem Soc. cons.119.nu. 4.in.3.Et ex ista responsione tolluntur fundamenta Bar.in.d.§.si publico. in contrarium allegati, quia dato quod in inquisitione requireretur expresio diei,& temporis quando est certum, & hoc ne reus vagetur in incerto,vt ipse dicit.d.l.prætor edixit.in prin.de iniur.attamen hoc reo imputandum est si noluit opponere ei edi tempus, & locum per prædicta. Sed nos sumus in casu in quo neque certus locus, neque certum tempus poterat opponi, tum quia delictum hoc habuit causam succesiuam, vt dixi in tertia responsione, tum quia inqaisitio concernit actum negatiuum, vt dixi in quarta responsione.

Septimo respondeo,quod inquisitio se refert ab processum Iulij Cibo in quo expressum est tempus,& locus,& vt supra dixi relatum dicitur esse in referente.l.asse toto.de hered.instit.& expresio eorum,quæ continentur in relato,dicitur facta in ipso referente.l.si ita scripsi.ff.de. cond. & demons. &.l.institutio talis.ff.de cond.inst.& tradũt omnes in aut.si quis in aliquo. C.de eden.& ex præmisis resolutæ sunt oppositiones factæ contra inquisitionem, fitionem. Nunc modo videndũ de oppofitionibus factis contra citationem.

Octauo ergo opponitur,quod ex defectu citationis fententia fuit nulla,& licet appareat de citatione facta,tamen fuit illegitime facta, & patitur plures oppofitiones de quibus infra figillatim difcutiam, Citatio enim illegitime facta totum proceffum,& fententiam ipfam anullat,etiam fi per Principem procedatur,vt not.in.c.1.de cau.poſeff.& proprie.in Clem. paftoralis.de re.iudi.& per Bal.habetur in.l.fi.C.de legi.& in aut.fi omnes. per illum tex.à contrario fenfu.col.2.verf.deinde nota.C.fi vt fe ab hered.abft. & in.c.quoniam contra.in 6.col.extra.de proba.vbi quod fententia praecedente citatione nulla,eft ipfo iure nulla,& idem Bal in.l.fi vt proponis. 2. col.C.quomodo.& quando Iud.& in.l.1.poft prin.C.ne ex delic.defunc.& eft bona glo.in.l.fi accufationibus.C.de accu.in glo.fi.Nam illegitime citatus comparere non tenetur,vt inquit glo.in.c.in caufis. in verf.venire. de off.delega.& glo.in.c.ftatutum.§.in nullo.de refcr. in. 6.in glo.in verf. citet partes.& pariter glo.in.c.veniens.in glo.fi.de accu.&tradit Iaf.in rub. ff.de in ius vocan.nu.6.& feq.Afflict.decif.366.col.vlt. Paria enim funt aliquid non facere,vel facere fed illegitime.l.2.ff.de excu. tut.l. fin. C. arbi. tut.l.3.§.tutorum.de fufp.tut.c.1.de tranfla.praela.cum concor. de quibus per Feli.in.c.gratum.nu.4.de off.delega.& in.c.illud.2.&.3.col. de refcr. & in fpetie de citatione illegitime facta tradit Bal.conf.214.in fi. 4.vol.& Iaf.in.§.penales.inft.de act.nu.30.& probat tex. in.l. quotiens.ff.qui fatif. cogan.& Parif.conf.32.num.8.in.3. Quae procedunt in quocunque Crimine etiam Laefae Ma.vt per Hier.Gigan.in tract.de crim.Laefae.Ma.fub rub. qualiter procedatur in crim.Laefae Ma.q.6.nu. 1. quia Princeps non poteft tollere hanc folemnitatem.num.2.&.3.& nu.6.& Iul.Clar. recep.fenten. lib.5.§.fi.q.31.in prin. & verf. adde. & procedunt etiam fi per inquifitionẽ procedatur,vt per Bal.in.l.4.§.1.de cond.ob tur.cau. probat tex. in.c.inquifitus.de elect.& in Clem.paftoralis.de re iudi.& per Ange.in.l.fi vacantia.C.de bon.vacan.lib.x.& Praepof.in.c.1. num. 81. verf.in primis. 2. q.7. & probat tex. clarus in extraua. ad reprimen. ideo non citato legitime non poffunt aufferri bona, vt late per Hieroni. Gigan. d. tract. de Crimi. Laefae Maieft. fub rubr. de pluribus & varijs queftionibus. q. 1. & fi citatio ab inferiore legitime facta non fit, non poterit etiam Princeps confirmare proceffum nullum ex defectu legitimae citationis, vt per plura comprobat Hypol.fing.79.incip.confirmatio.in fi.quae pariter procedunt etiã quando fummarie,& extraordinarie proceditur,vt not.in.d. Clem. paftoralis.de re iud.& Bar.in extraua.ad reprimen.in verf.figura.Quod autem haec citatio fuerit illegittima,inefficax, & inualida probatur ex infrafcriptis oppofitionibus.

Primo nanque fuit citatus per edictum, non perfonaliter , neque per literas, & tamen certum eft quod prius debuit citari perfonaliter poftea domi , & demum per edictum,quia ifte eft ordo a iure traditus,vt tradit Bar. & oẽs in.l.4.§.pretor.ff.de dam. infec. verf. fed quid fi Iudex commifsit. & in.l.

 fcire

ſcire oportet.§. oportet.il primo. de excu. tut. & in aut. de exi. reis.§.ſi vero quidam iurent etiam.cum concord. vt per Alex.conſ.2. in prin.in.3. & conſ.46.num.3.in.5.& per Anchar.conſ.6.in fi.& Paul.conſ.270.col.1. in 2.& Roma.conſ.320.col.3.& per Dec.conſ.449.nu.5. at qui Scipio nõ fuit citatus perſonaliter,neque domi,ergo non potuit per edictum citari, prout etiam tenet Bar.in extraua.ad reprimen. num.2. & 3. vbi concludit quod ſi aliter citetur,quam perſonaliter,vel per literas ſi ſit in aliena iuriſditione,dicetur citans grauare partẽ, & per Iudicem appellationis omnia reſcindentur tanquam ſuper citatione inualida facta, idẽ tenet Oldra. cõſ. 44.in.9.q.& Iaſ.conſ.86.num.12.in fi.in 3.Gram.in fi. deciſionum ſuarum conſ.1.num.6.

Sed huic oppoſitioni reſpondetur,quod Scipio tempore inquiſitionis nullam habebat certam ſedem,ſed modo Romam,modo Mirandulã,modo in Galliam vagabatur, vt probatum præſuponitur, ergo cum eſſet vagabundus potuit per edictum citari,vt tradit glo.in verſ.libellũ. in.d.l.4. §. prætor. vbi Bar.& ceteri ſcriben.de dam.infect.& probatur ex not. in.l.2.C.vbi in rem.act.& ſentit Bal.in.l.vetuſtiſsimã.verſ.nota in materia. C. de iur. do. impetran.Inno.in.c.fi.de eo qui mit.in poſſeſſ.cau.rei ſeruan.ſequitur, & declarat Bal.in.l.pen.col.2.verſ.in glo.ſuper verbo domiciliũ.C.de anna. excep. & tradit Abb.in.c.vlt.col.4.verſ.item poteſt requiri. de foro.cõp. & tenet etiam Bar.in extraua.ad reprimen.in verſ.per edictum. num.5.& 6.& Bal.in.l. ſi accuſatoribus.col.vlt.C.de accu. & in.l. conſentaneum. in 2.not.C.quomodo.& quando Iud.& in.l. vt perfectus. C. de anna. excep. & in.l.inter minores.in.1.lectur.in fi.ff.de reſti.in integ.Card. Zab.in cle. 1.in 1.q.de iudi.& bona glo.in.l.ſi finita.§.ſi plurts.in prin.verſ. vel ſi nõ inuenietur.ff.de dam.infec.& Marãta.in ſuo ſpecu.in tit.de citatione.nu.83.

Item reſpondetur & ſecundo, quod tempore inquiſitionis ex informatione ſumpta erat in Gallia, & inſeruiebat partibus Regis Galliæ contra IMP. vt ex teſtibus aſſumptis ad informationem clare probatum eſt, ad quã informationem ſuſcipiendam nulla erat neceſſaria citatio, vt per Pariſ.cõſ. 120.num.12.in.4.vbi adducit Rota.deciſ.477. in nou. & Bellemer. deciſ. 708.& præter eum tenet Maria.Soci.in tit.de citatio.art.23. in.5.q.nu.5. ſequitur Rebuf.in conſt.Gall.in.3.Tom.ſub tit.de citatio.nu.98.& tradit etiam Cepol.in ſimili.conſ.11. num.3. in crim. & in terminis noſtris hoc ẽt tenet Bar.quem non adducunt in extrau.ad reprimen.in verſ. per edictũ. num.6. coll. fi.verſ.quod dicitur examinet. & ad locum Galliæ, in quo reperiebatur,nõ erat tutus acceſſus,neq; ſpes quod literæ fuiſſent exequutæ, cum literæ ab IMPERATORE tunc inimico Regis eſſent mittendæ, vt deponunt etiam omnes teſtes ad informationem recepti,quo caſu ſufficit citatio per edictum,vt tenet Bar.in extraua.ad reprimen.in verſ.per edictum.num.3.Feli.in.c.quoniam frequenter.§.porro.num.14.vt lite non conteſt.Marſil.in.l.de vno quoque.num.173.ff.de re iud.Maranta.in ſpec. in tit.de cita.num.85.& not.etiam in Clem.1.de iudi. vbi omnes, & in.c.1.

§.contra-

§.contrahentes.de foro compe.in.6.&in.d.c.quoniam frequẽter.§.porro. & ibi omnes,vt lite non contest.& in terminis nostris Crim. Læsæ Maiest. est tex.& ibi Bar.in extraua.ad reprimen.in vers. per edictum. vbi num. 3. quod quando probatur quem esse in loco inimicorum citãtis, satis dicitur probatum locum non esse tutum , Neque præmissis obst. quod parte Scipionis dicitur,non esse legitime probatum,quod tempore inquisitionis esset in Gallia,quia testes hoc non firmant,sed tantũ dicunt credere,vt ipsemet dicit in septimo capitulo. Quia respondetur quod sufficit quod testes recepti ad informationem probent absentiam rei citandi in tali loco ex cõmuni opinione, & etiam ex fama,vt in terminis nostris declarat Bar.in.d. vers.per edictum.num.6.ita declarando tex. in aut. qui semel. C. quomo. & quando Iud.adducit.§.illud vere.in aut.de exhi. reis. & præter eum est etiam not.decisio Rotæ.692. incip. nota quod aliquoties. in fi. vbi dicitur quod ad probandum non tutum accessum,vt citetur quis per edictum,sufficiet quod testes deponãt de credulitate, & idem tenet Feli.in.d.c.quoniã frequenter.§.porro.num.x.vt lite non contest.& sequitur etiam Cassado. decis.2.in fi.sub.tit.de dolo.& contu. ergo satis legitime probata est absentia Scipionis,& ipsemet in capitulis suis dicit se tempore inquisitionis fuisse in seruitio Regis Galliæ,& certum est,quod capitula probant contra articulantem,& ea producentem,vt per omnes in.l.cum precum.C. de libe. causa.& per Oldra.cons.292.col.1.cum multis concord.adductis per Dec. in.l.2.C.de inst.& subst.num. 6. & 7. & in terminis capitulorum idem etiã tradit cons.534.num.4.col.fi.& licet idem Scipio conatus fuerit probare in.20.suo capitulo.quod erant induciæ inter istos Principes , & ideo videbatur tutus accessus,Attamen in facto mihi præsuponitur id probatũ non fuisse, quinimo ipsemet in capitulo suo. viij. dixit se excusando,quod non potuisset citatus venire, quia tunc ruptæ erant induciæ inter illos Principes,ideo tanquam contraria proponens non est audiendus, tanquam nauta contrarijs ventis nauigans,vt dicitur in aut. de ijs qui ingred.ad appell. §.1.& vbi extat contrarietas eiusdem personæ,nulla potest cadere excusatio,vt late per Deci.cons.644.num.12. Et præterea aut vult Scipio probatum esse,pro ut vere probatum est,eum tempore inquisitionis fuisse in Gallia,pro ut & ipse fatetur,& tunc certũ est quod erat in loco,ad quem nuntijs IMPERATORIS non erat tutus accessus , cum tunc temporis inter illos Principes maximum flagraret bellum , aut vult hoc non esse ꝓbatum,& tunc cadit in foueam præcedentis responsionis, qua dictum fuit quod vagabundus per edictum proprie citatur , quia certum quod nullam aliam habebat sedem,cum à patria sua Ianuensi bannitus foret, vt ipse etiã in alio proposito deduxit in capitulis.

Item & tertio respondetur , quod CAROLVS IMPERATOR expresse mandauit,& potestatem dedit Delegato suo,vt posset Scipionem citare etiam per edictum,quo casu certum est quod Princeps potest mandare,vt quis citetur per edictũ,vt probatur clare in Clem.1.de iudi. & omnes

præterpræsertim Feli.in.d.§.porro.c.quoniam frequenter.vt lite non contest.& Rota.d.decis.692.& tradũt passim omnes in locis præallegatis, licet enim citatio non possit tolli, neque omitti per Principem, cum concernat defensionem, quæ est de iure Diuino,& naturæ, vt dictum fuit supra in prin. huius oppositionis, Attamen bene potest præscribere formam citationis, vel aliquam à iure inductam tollere, quia licet citatio in se sit de iure naturæ, & tolli non possit, vt dictum est, tamen formæ citationis non sunt de iure naturæ, sed de iure ciuili tantũ, ideo Princeps potest tollere,& præscribere quam formam velit, ita Alberi.tenet in.l.ea quæ. in pen. col. C. quomodo & quando Iud.& Oldra.cons.43. incipien. quæritur. nam regulariter omnis actus fori quo ad formam est de iure ciuili, vt per Bal.cons.119.quidam vxoratus.col.2.in.5.& de forma citationis quod sit iuris ciuilis, tradit Iac. de Belui.in repe.c.Romana.§.contrahentes.num.32.de foro compe.& sic patet quod ex mandato etiam Principis ita citauit.

Item & quarto respondetur, quod cõsuetudo communis totius Italiæ seruat, vt in criminalibus non fiat citatio reorum personaliter, aut per literas, sed tantum per edicta,& proclamationes, vt per Iacob.de Beluis.in prat.crim. in rub.de fuga reor.num.21.& alterũ Iacob.de Beluis.in repe.c. Romana. §.contrahentes.de foro compe.num.142.in fi.& idem attestatur Iul.Clar. lib.5.recep.sententia.§.fi.q.31.vers.sed hæc quidem omnia.in fi.& Doctori afferenti de consuetudine credendum est, nisi contrarium probetur, vt per Bar.in.l.de quibus.col. 8. vers. quarto principaliter queritur.de legi.& licet aliqui in hoc contra Bar.tenuerint, tamen eius opinio communis est, vt attestatur Dec.plures concord.adducens in cons.559. num.5. & cons.661. num.12.& Grat.cons.12.num.55.& seq.in prin. Et nulli dubium quod consuetudo potest inducere certam formam citationis, quia, vt supra dixi, forma citationis est de iure ciuili,& ideo sicut statutum potest dare certã formam citationis, vt tradit Bal.in.l.1.& in.l.cessante.C. quomodo & quando Iud.Cin.& idem Bal.in.l.accusatoribus.C.de accu.Alex.& Bar. in.l.inter accusatorẽ.ff.de pub.iud.& Ang.cons.216.nam & per statutũ potest disponi quod absens damnari possit contra ius cõmune, & hoc quia ista sunt de iure positiuo, vt declarat Bal. in.l. absentes.C. de accu. in.l. nec diu.C.de pen.& Imol.cons.110.quod etiam colligitur ex dictis per Bar.in.l. hæc aũt. §.2.ff.ex quib.cau.in possess.ea.& in aut. si omnes.C. si vt se ab hered.abst. & per Bal.& alios in.l.si curator.C.de iur.delib.& per omnes in.l. decem. ff.de verb.oblig. Qui si inquam mutari potest,& præscribi certa forma citationis per statutum, ergo poterit & per consuetudinem, quæ parem habet cum statuto potestatem.l.de quibus.vbi omnes.C.de legi.l.1. C.quæ sit longa consue.valet enim argumentũ de statuto ad cõsuetudinem, vt quod possit statutum, possit & consuetudo, vt per Soci.cons.66. num. 4.in.3.& ante eum Feder.cons.100.num.2. Quinimo plus potest consuetudo quam statutum, vt per Ang.cons.52.col.1.quem sequitur Dec.cons.694.num.5. in nullo enim differunt, nisi prout tacitum differt ab expresso, quinimo appellatione

pellatione statuti venit consuetudo, vt per Alex. cons.190. col.2. in.2.& Ias.in.l.præscriptione.col.4.c.si contra ius.vel vtil.pub.in.l.sed & si posses sori.§.item si iurauero. col.2.ff. de iur.iur.

Item & quinto respondetur, quod dato etiam, non tamen concesso, quod illegitima fuisset hæc citatio, tamen ex quo præsuponitur in facto probatũ, quod verosimiliter peruenit ad eius notitiã quod fuerat citatus, & noluit comparere, non potest excusari, prout quando coram maxima multitudine astantium fuit publicatum edictum, & in loco in quo habebat ille affines, & amicos plures à quibus verosimile sit quod notitiam habuerit de tali edicto, vt colligitur ex dictis Bar.in extraua.ad reprim.in vers.citatum. col.fi.vbi Franc.de Alberg.in apostil.vbi dicit, quod quando etiam persona certa citatur per edictum sufficit quod in loco frequenti, & vbi aderat multitudo fiat edictum, & verosimile sit quod aliquis ex.d. multitudine illi denunciauerit, quẽ refert, & sequitur Io.Bap.de S.Seuer. in repe.l.cunctos populos.num.80.C.de sum.Trini. & fide Cathol. vbi dicit illud dictũ esse notandum, & paucis notum, & quod alias fecit illud praticari, & illum etiam reffert, & sequitur Ias.in.l.decem.ff.de verb. ob. num.43. in fi.vers. limitatum.& quod dicatur legitime. citatus quis per edictum, si probetur quod verosimiliter ad eius notitiam peruenit tale edictum, tenet Egid.Bellemer.in decis.188.incip. vt citatus.adducit not.in.c.si aduersus. de eo qui mit.in possess.causa rei seruan.sequitur Feli. in. c. quoniam frequenter.§. porro.num.14.vt lite non contest.& sequitur Paris.cons.137. nu.22. in 4. & probatur in Cle.1.& Cle.causam.in vers.verum.de iudi. & not.in.c.1.§. contrahentes. de foro.compe.in 6. nam quandoque etiam citatio absentis fit etiam conuocatis eius affinibus, vel amicis, vt dicit glo.in.d. Cle.1. & in c.fi.vbi, etiam & Inno.de eo qui miti. in possess. causa rei seruan. glo. in.c. causam.de dolo.& contu.vbi Io.And.& Paul.de Eleaz.& Panor.in.c.consuluit.vlt.col.de off.delega.& probatur in.l.si finita.§. Iulianus.ff.de dam. infec.& in terminis quod citatio etiam illegitima liget sicut legitima si pueniit ad notitiam citati, tenet Roma.cons.410.num.2.& Feli.in.c.cũ contingat.num.8.de rescr.in.c.gratum. col.2.vers. sed nota vbi agitur.de off. delega.& Rota decis.271.incip.si de speciali.in nou.& Bellemer.decis.539 incip.licet citatio.Dec.in.c.cum causam.in.3.not.in fi.de off.delega. Rui. cons.61.num.33.in.5.& Boer.decis.235.col.pen.in prin.& Ludo.Gomes.in regula Cancel.de non iudicando iux.formam citationis.q.16. num. 68. & ideo dicebat Bal.in aut.qui semel.col.pen.vers.in glo.vt veniat.C.quomodo & quando Iud.quod licet citatio per edictum debeat manere affixa publice per aliquod tempus, alias non valebit, attamen si habuit notitiam citatus valebit citatio, etiam si incontinenti fuerit lacerata, quia iam constat de effectu ad quem affixa fuit, & facit optima ratio pro prædictis, quia solemnitates citationum fuerunt inuentæ, vt actus qui in præiuditium absentis fieri intenditur, ad notitiam eius perueniat, vt se deffendere possit, vt not.Bal.per illum tex.in.l. diffamari.C.de ingen.& manu. & probat.tex.

in.l.

in.l.1.§.ex edicto.ibi, neque in notitiam peruenit. ff. quæ sen. sine appella. rescin.& in.l.ex consensu.§.fi.ibi eum qui cognouit edictum. de appell. & tradunt omnes in locis præallegatis,& dum habemus finem,& effectum nõ curamus de modo.l.fi.ff.manda.& præsertim quãdo effectus fuit causa modi,non e contra,iux.l.si mater. C. de inst. & substi. & pul. declarat Bal. in l.de quibus.num.17.ff.de legi.& in.l.si duo patroni.§.si quis iurauerit.ff.de iur.iur.col.2.& not.Bar.& omnes in.l.gallus.§.& quid si tantum.ff.de lib. & post.& in.l nominatim.ff.de condi.& demonst.& in.l.certũ.ff.si cert.pet. cum concor.sed in casu nostro certũ est, vt dixi, quod finis iste,vt is de cuius præiuditio agebatur certioraretur,fuit causa solemnitatis citationum, ergo cum is de cuius præiuditio agitur certioratus est, non est curandus modus citationis quo fuit certioratus,vt tenent omnes in locis præallegatis,At qui in casu præsenti probatum est.D. Scipionem certioratum fuisse vt in capitulo R. P. Ianuen.14.in quo dicitur hoc euidenter deductum,& vt dicitur probatum est,& etiam de notitia sententiæ contra eum latæ, ergo nullitas citationis opponi non potuit stante notitia, & ideo nil releuat hæc oppositio.

Secũdo opponitur cõtra dictũ edictũ, quia p illud vocabatur ad locũ nõ tutũ, vz. Genuã q locus nõ erat tutus,ideo nulla fuit citatio,nã cũ, vt dictũ fuit, citatio fiat,vt quis se posit defendere, si citatur ad locũ nõ tutum,nunquã veniet timens offendi in loco sibi suspecto,& sic per indirectum priuaretur defensione,quod esse non debet,vt declarat pul. Oldra. cons.43.& probatur.in.l.sed sciendum.ff.ad treb.vbi glo.& scrib.& in.c.ex parte.de appell. & in Clem.pastoralis.de re iud.& tradit etiam Paul.cons.37. in prin.in primo.& cum locus Genuæ notorie non fuisset tutus Scipioni, tum quia erat bannitus ab eo loco per Ducem,& Rempub.Genuæ,tum ob partialitates, & inimicos capitales ipsius,talis citatio facta ad eum locum notorie nõ tutum fuit ipso iure nulla,vt per Bar.in.l. recusare.§. si quis alio. vbi Alex. & alij.ff.ad treb.& probatur in.c.ad suplicationẽ.vbi glo. de renun. & tradit Abb.in.c.cum dilecti.de dolo.& cõtu.& in.c. ex transmissa.col.2.vers. & sub istis casibus.de prescr.& per Felidate in.c.accedens. vt lite non contest.& in.c.cum R.Canonicus.de off.delega.&in.c.olim.in prin.de excep. & tradit Paris.cons.28.col.1.& 2.in 4.&Cataldin.cõs.55.nu.46.& plurib. seq.in.1.tom.consil.crim. in.4. Quod autem non foret Scipioni tutus accessus Ianuam probatur vt dixi, Primo quia erat bannitus à Duce,& Rep. Ianuæ,ergo non tutus accessus,vt tradit Bar. in. l.fi.col.2. vers.iuxta hoc quæro.ff.de resti.in integ.& in.l,2.§. quod diximus. ff. si quis cau. et Deci. cons.295.in fi. Secundo quia habebat inimicos capitales in ea Ciuitate,vt Illustriss.Principem Auria præpotentis authoritatis, et alios multos ei adherentes qui faciebant locum non tutum,vt probatur in.d.c.cum R. Canonicus.de off.delega.et in Clem.pastoralis.§. notoriũ quippe. de re iudi. et in.c.statutum.§.1.de rescr. in.6. Quinimo etiam si non adfuissent in eo loco principales eius inimici,sed tantum amici inimicorum prout esse poterant

terant in magna quantitate, locus non potuisset dici tutus,vt voluit Bart. per illum tex.in.l.sciendum.§.si accusatio.de legatio.glo.in.l.1.§. cum patronus.& ibi Bal.ff.de off.præfec.vrb.& in.l.liberi.vbi Bal.Sali.Alex.& ceteri.C.de inof.testa.& tradunt Feli.& alij in c.repellantur.de accu. Neq; his videtur obstare quod illi datus,& intimatus fuisset Saluusconductus,& securitas,à Repub.Ianuen.vt in ipso edicto,& citatione apparet, quia tali securitati ipse credere non tenebatur,vt voluit glo. in.c. statutum.§. cum vero.in vers.secure.de rescr.in.5.& in.c.ex parte.vbi Franc. de appella. & in.c.accedens.vt lite non contes.& per Sali.in.l.reos col.4.vers. expeditis contrarijs.C.de appella.Imol.in.l.pen.§.ad crimen.de pub.iudi.Ias.in.l.2. §.quidquid dicimus.num.9.& seq.ff. si quis caut. & glo. in Clem. vnica. in vers.secura.de foro compe.& tradit Cepol.cons.17.nu.30.in fi.& seq.Affl. decis.289.col.3.& in const.priuileg in fi.Boss.in tract.crim.sub tit. de cita. num.37.Marsil.cons.81.num.4.Et adeo vera est hæc conclusio,quod ad talem locum sic notorie non tutum citatus,non tenetur appellare,vt p Bar. in.l.de etate.ff.ad trebel.Bal.in.l.exequtionem.C.de exequ.rei iud.Feli.in c.cum R.Canonicus.num.2.de off.delega. Item non tenetur sic citatus ad locum notorie non tutum mittere excusatorem,neque allegare hanc notorietatem,vt videtur probari in Clem.pastoralis.in vers.pisana.de re iud. & tenet Abb. in Clem. appellanti. de appella.in apostil. & in.c.ex parte.il primo.in fi.de appella.quem refert,& sequitur Feli.in.d.c.cum R.Canonicus.num.6.& idem in.c.olim.num.2.de appella. & in.c.accedens.il secundo.num.16.vt lite non contest. & quod non teneatur etiam hoc notorium allegare,tenet Præpos.in.c.ex parte.il primo. in glo.1.de appella.& in his potissimum se fundat insignis Doct. D. Roland. à Valle, qui consuluit pro D. Scipione in cons.68.in 2. ad probandam nullitatem huius citationis, & præter eum Ias.cons.86.num.13.in 3. vbi late.

Verum præmissis non obstantibus puto de iure contrarium verius esse, quod scilicet imo citatio ista respectu loci valuerit,Nam licet verum sit, quod citatio ad locum non tutum regulariter non teneat ex supradictis,tamen negatur in casu præsenti locum Ianuæ non fuisse tutum Scipioni.

Nam primo quod attinet ad bannum factum per Dominium Genuæ,& sic nō tutum allegatum accessum ratione publicarū personarum, facta fuit amplissima securitas per ipsum Dominium præfato Scipioni,& largus, liber, & generalis Saluusconductus tam à delicto, & crimine Læsæ Ma.Ianuensis,pro quo fuit declaratus rebellis, quam à quocunque alio donec fuerit expedita causa delicti pro quo tūc inquirebatur & de præmissis data fides publica,vt apparet in ipsa securitate data sub die.3.Augusti.1551.& inserta in ipso edicto citatorio,vt ad eius notitiam peruenire posset, Quæ quidem securitas tollit omnem suspicionem offensionis respectu.d banni, quia respectu ipsius Reipub.Ianuensis, & Iudicum eam representantium nō erat dubitandum quod fidem publicam frangerent, iux. l. conuentionum.ff de pact.fides enim data à persona publica dicitur fides publica,& ideo seruanda, vt da, vt est tex.in.§.sed denique.in aut.de manda.Princi.ibi,custodiens ei da tum verbum,& ibi,verbo ei vbique seruato,& not.in.l. is qui reus.§.vlt.ff. de pub.iud.& tenet Cin.post Pet.in.l.præsenti,in fi. C. de ijs qui ad eccle. confu.& ibi Alberi.refert Oldra.in quadã questione disputata hoc tenuisse,& hoc dicit Alberic.in.d.l.præsenti.§. cum autem.1.2.&.3. col.referens ad longum.d.questionem Oldra.& respondens tex.& glo. in. d. §. sed denique.vt per eum late quem omnes ibi sequuntur, & idem tenet Io. Andr. in addi.ad Specu.in tit.de accusa.§.sequitur.sub num.24. in addi. incip.vt intra certum tempus.in prin.vbi quod data tali securitate tenetur reus cõparere,& ei credere nisi fuisset bannitus à Tiranno, & Tirannus foret qui securitatem præstitisset,& Cin.sequitur Bar.in.l.illicitas.§.ne potentiores. num.10.ff.de off. præsid.& Cataldi.qui plures adducit in tract.de sindica.q. 155.incip.adde quando Iudex dat.& Marsil.in prat.crimi.§. constante.nu. 111.& in.§.agredior.num.104.& quod data securitate à Principe, vel Republica,vel Iudice reus non excusetur,sed teneatur cõparere, tenet Sali. in.l.reos.in.5.col.in vers.expeditis contrarijs.C.de accu.& præsertim si tales securitates solent à cõcedente seruari,vt tenet in spetie Imol. in.l.pen. §.ad crimen.col.38.vers.in tertio casu.de pub.iud.& est sub nu.26.vbi dicit expresse,quod quando literæ Saluiconductus verosimiliter redderent reum tutum,tenetur omnino comparere, secus dicit si verosimiliter non redderent eum tutũ,& ponit Exemplũ in Tirãno qui nõ solet seruare fidẽ, ergo si non sumus in Tiranno,sed in casu integri Iudicis, pro vt sumus,& in casu in quo seruari solent securitates, vt probatum est,tenebitur omnino comparere,& vere illa decisio tollit omnem difficultatem,quam sequitur etiam Feli.in.c.accedens.il secundo.num. 13. vt lite non contest.& qui concedit securitatem,vel Saluumconductum non præsumitur velle fidem datam frangere,vt in specie tradit Paris.cons.31.num.65.in prin.seruanda est etenim fides etiã hosti.c.noli.23.q.1.c.innocens.22.q.4.glo.in.c.Dominus noster.23.q.2.Quæ præcipue præsumuntur in Principe, vel in bene instituta Republica,iuxta illud quæ ꝓcesserũt de labijs meis non faciã irrita, & illud quod scripsi scripsi, & ideo Principes dicuntur esse lapides angulares idest immobiles,sicut polus in Cœlo,vt Pul.ꝑ Bal.cõs.327.incip.pridie enim.in pri.vol.& præsertim fidei obseruatio præsumẽda erat in Illustriss. Repub.Ianuensi,quæ semper solet seruare fidem à se præstitam quibuscunque,vt præsupponitur probatum in facto per testes examinatos super 8. 9.& 10. capitulis parte Reipub.productis, & quod tales securitates solent fieri in pleno consilio Ianuæ concurrentibus votis omnium, quo stante nõ est dubium de fraude aliqua vt articulatum est in.d.10.capitulo, & ideo sicut semel malus,semper præsumitur malus.c.semel.de reg. iur. in 6. ita e contra semel bonus,semper bonus, vt contrariorum sit eadem disciplina. l.1.ff.de ijs qui sunt su.vel al.iur.&probatur hoc quod semel bonus semper præsumatur bonus in.c.mandata. de præsump. quia ex ante acta vita præsentem arguimus.l.non omnes.§.à Barbaris.ff.de re mili.tradit Alex. in.l. si quis si quis ex argentarijs.§.prætor ait.ff.de eden.& Hipol.in.l.maritus. de questioni.& Alcia.in tract.præsump.in.2.regula.præsump. 8. & est ratio quia qualitas semel posita in esse, semper præsumitur durare, nisi mutata probetur.l.si vero.§.qui pro rei qualitate.ff.qui satis.cogan.c.si forte.de elec. c.præterea.il secundo. de elect. Non obstat præmissis quod conatus est probare Scipio, quod scilicet imo Respub.Ianuensis non sit solita seruare fidē securitatum datarum, nam dicitur quod dedit aliàs securitatem Hieronimo fratri Scipionis defendenti Castrum Montobij, & tamen fregit fidē, quia fuit decapitatus, Nam in facto dicitur hoc verum non fuisse, quod data fuerit securitas per Rempub.Ianuen.aut alium quempiam legitime interuenientem eius nomine, nam tales securitates nullum habent robur nisi factæ, & ballotatæ fuerint in pleno consilio Reipub. vt probatum fuit super decimo capitulo, ergo non potest dici rupta fides quæ non fuit data; cū priuatio præsuponat habitum.l.decem.ff.de verb. ob.cum concord. Neq; testes examinati parte Scipionis probant datam securitatem saltem legitime à Repub.Ianuen.vt mihi præsuponitur in facto, circa quas probationes nil dico, quia mihi testes exhibiti non fuerunt, neque etiam processus, sed tantum facti instructio, quam veram semper præsupono. Neque est verosimile quod q.Com.Hieronimus, qui tam notoriam, & fœdam rebellionem tam aduersus Rempub.Ianuensem, quam aduersus CAROLVM AVGVSTVM commisserat, simplici verbo vnius Cancellarij Ianuæ credidisset, sed voluisset talem securitatem in scriptis habere, sciens tales securitates in consilio Ianuæ votis omnium concurrentibus solere concedi, & aliter concessas non valere, Nam cum tractaretur de summa rerum omnium suarum, & de vita ipsa, absurdum est credere, quod fuisset tam supinus vt simplici vnius dicto crederet, cum posset scripturam requirere, nam vbi maius periculum ibi cautius præsumitur quis agere.c. vbi periculum.de elect.in.6.Et præterea vel debebat scire quod Notario facienti simplicem fidem de actis per se nō creditur, nisi acta ipsa exhibeat, vt per Cin. Bar.Bal.& alios in.l.contractus.C.de fide.inst.& tradit Guid. Pap. q.10. in cip.Valentinus.in prin. nam si etiam scripturæ Notarij in qua non sint descripti testes, qui fuerint præsentes ex sola authoritate Notarij non creditur, vt per glo.in.§.si vero abstineant.in vers.quantum. in aut. de hered.& fal.& in.l.iurisgentium.§.quod fere. ff. de pact. cum concor. de quibus ibi per Alex.& eundem cons.13.col.3.in prin.& cons.18. col.3.vers. insuper alia ratione.in.4.& per Deci.cons.458.num.6.multo ergo minus credetur simplici voci Notarij quid asserentis, nam etiam si asseruisset ille Cancellarius, quod sibi mandatum fuisset scribi securitatem, vel de ea fidem à se fieri, non fuisset ei credendum, quia foret testis in causa propria, vt tenet Io. Andr.in.c.cum quid.de reg.iur.in.6.& Bal.in.l.vt iusiur.col.fi.C. de testi. & in.l.Iudices.col.fi.C.de fide.insti.& in.l.si consul.col.2.vers.& prædicta faciunt.ff.de adop.& in.l.ad egregias.in.fi.de iur.iur.& hanc dicit communem Io.de Ana.cons.49.in fi.& Deci. qui plura adducit cons. 159. num. 8.

& in.c.quoniam contra.num.45.de probat. & docet experientia quę rerũ est magistra.c.occupantes.& c.quam sit.de elect.in.6.& in.c. statutum. in prin.de rescr.eo.lib.6.& in aut.de appella. & intra quæ tempora.in princ. quod qui obsidentur in aliquo Castro, si pactis conuentis se dedunt, volunt habere pacta ipsa scripta, & sigillis publicis munita, quinimo aliquando etiã obsides antequam Castra obsessa dedant. Ex quibus omnibus clare comprobatur securitatem publicam non fuisse concessam q.Com.Hieronimo, tum quia de tali securitate non constat ex actis publicis, per quorum inspectionem probatur negatiua quod non fuerit facta, vt per Bar.in.l.fi. per illum tex.C.de reb.cred.& in.l.Titiæ textores.in.2. not. de lega.r. cum concor. vt per Deci.cons.424.num.19.& cons.467.num.12.in fi.& 483. nu. 4. & seq. Neque testes sufficerẽt, quod data fuisset talis securitas à Repub. quia acta publica non probantur per testes, vt not.omnes in.l.2.C.de eden.cum concor. Tum etiã quia non est verosimile, quod si q.Com.Hieronimus motus fuisset ob assertam securitatem ad dedendum se, & Castrum noluisset sibi exhiberi illam in scriptis, & sigillo publico munitam, & quod non est verosimile dicitur falsitatis imago, vt per Bal. in.l.i.3. col.C.de serui.fugi. Accedat alia verosimilitudo, quia etiam si Com. Hieronimus habuisset securitatem à Repub.Ianuensi in scriptis non credidisset, vel credere non debuisset, quia sua rebellione non offenderat Rempublicã dumtaxat Ianuensem, sed in primis Maiestatem AVGVSTAM CAROLI V. expugnando ipsius triremes, & alia contra eum faciendo, de quibus in processu, & ideo curasset in primis habere securitatem à CAROLO, potius quã à Repub.nam sola securitas Reipub.illum tutum non reddebat, ideo non est verosimile quod dederit Castrum motus, vel potius deceptus securitate Reipub.asserta sibi nunciata per simplicem Cancellarium sine scriptis, & absque securitate CAESARIS, præsertim cum CAESARIANI milites, & nomine CAESARIS obsiderent Castrum Montobij, licet impensis Reipub. Ianuensis ex decreto ipsius CAESARIS. Non obstat ẽt quod Respub.Ianuen.non poterat dare securitatem, cum sit subdita, nam id spectat ad solum Principem.l.relegati.vbi Bar.& Alber.in fin.ff.de pen. & Ang.in.l.vtimur.ff.de sepul.viol.& in.l.4.§.si quis mortis. vers. & allegatur hic tex.ff.de inof. testa. Quia ad hoc respondetur, quod Respub.Ianuen.non dicitur subdita, nec recognoscit absolutum superiorẽ, vt in specie tradit Deci.cons.534.num.2.& cõs.649.nu. 3. & licet Clementissimus IMPERATOR susceperit protectionem eius tanquam quæ partes IMPERATORIS fouit, & sequuta est, & per consequens licet IMPERATORI sit recomendata, tamen non ideo dicitur illi absolute subiecta, licet etiam aliquid daret in signum superioritatis, nam tales Ciuitates sic recomendatæ dicuntur liberæ, non subditæ, vt not. Bal.in.l. etiam. col.vlt.C.de iur.dot.&in.l.exequutorẽ.col.8.in vers.sed quero de Ciuitatibus confederatis, C.de exequ.rei.iud.in istis enim recomendationibus pacta, & consuetudines sunt seruandæ.vt per Paul. cons.292.in prin.& Deci.

cons

conſ.564.num.12.& Brun.conſ.feud.53.& conſ.86. col.1. & ideo cum Sereniſsimus IMPERATOR illam in libertatem vindicauerit, & in ea ipſam tueatur, non poteſt dici ſubdita, Quinimo cum habeat,& vtatur Regalibus poteſt omnia in ditionem ſuam, quæ poteſt IMPERATOR in Ciuitatibus ſibi ſubditis, vt per Caſtrenſ.conſ.34. ſuper.1. dub. col.2.&.3. Alex.conſ.1.num.28.& ſeq.in 5.Deci.in.c.paſtoralis.col.2.de appel.& cõſ.121.col.2.Calcan.conſ.2.col.7.Cur.Iun.conſ.1.col.x.Grau.conſ.135. col.1. Siluan.Late.conſ.50.num.24.in prin. & dicit Corn. conſ.178. verſ. circa quod.3.vol.quod tales inter ſubditos ſuos habentur ꝑ principibus,& quod de eorum poteſtate nõ eſt diſputandum,& ita de facto ſeruari ait, & quod ſi quis vellet eorum poteſtatem in dubium reuocari,eſſet reuangare mundum, ſecundum Bal.vt ibi per Corn.& idem dicit Corn.conſ.144.col.3.in litera T. in 4. vol.refert & ſequitur Pariſ.conſ.25.num.67.in prin.& Dec. conſ.528.num.1.& 534.num.2.& 580.nu.2.& alibi ſæpe, ideo cum hæc Illuſtriſsima Reſpub.ex longo vſu ſolita ſit concedere tales ſecuritates, non eſt vlterius de eius poteſtate diſputandũ, & eo maxime prædicta procedũt, ex quo eadem Reſpub.Ianuen.ipſum bannierat, & declarauerat rebellem, ergo & quo ad ſe poterat à tali banno dare ſecuritatem, vt per Sali. in.l.cũ indulgentia.in 2.col.C.de ſent.paſſ.& per Alberic.in 4. parte.ſtatu. q.33. incip.quero etiam aliam queſtionem. Non obſtat etiam quod habebat alios inimicos potentes, quos veroſimiliter timere poterat, vt Principẽ Illuſtriſſ. Auriam,& alios affines, & ſequaces. Quia reſpondetur quod non poterat à Principe, aut eius complicibus timere iniuriam, quia imo ipſius nomine ſolicitabatur expeditio huius cauſæ,& eius nomine impetrata fuerat Delegatio,& procurator in cauſa eius nomine comparebat in iuditio, ſollicitãs expeditionem, ergo cum ſemel viam iuris elegiſſet, non poterat veroſimiliter timeri quod deueniſſet ad vindictam de facto, quia qui eligit viam iuris, præſumitur renuntiare viæ facti, vt dicit Bal.in.l.1.in prin. in.2. not.de exequ.rei.iud.vbi quod ſi creditor poteſt propria authoritate accipere bona debitoris ex facto, ſi vadit ad iudicem, & eius brachio vult obtinere poſſeſsionem ſibi præiudicat, quia qui eligit viam iuris præſumitur renuntiare iuri de facto,& idẽ dicit Bal.in.l.2.col.6.verſ.decimo quero.C.de ſerui. & aqua.& in.l.æde.verſ.tertio quero.C.loca.& tradit Alex.conſ.131.col.1. & 2.in.4. Item non poterat Scipio iniuriam timere à Principe, vel ſequacibus eius, quia probatum eſſe præſuponitur parte reorum, quod Illuſtriſſ. Princeps Auria non appetebat vindictam, quinimo placidæ erat,& clementis naturæ,& facile remittens iniuriam,& quod plures inimici,& ſequaces Fliſcorum libere,& maxima cum ſecuritate verſabantur,& commorabantur Ianuæ, vt in facto plene probatum præſuponitur, & ideo non poteſt dici hic iuſtus metus, quia an iuſtus ſit metus attenditur præcipue qualitas eius de cuius vi timetur, an ſolitus ſit vim inferre,& vindictam ſummere, vt not.per omnes in.l.metum.C.quod met.cau.& per Bar. in.l.de pupillo.§. ſi quis ipſi prætori.ff.de nou.oper. nun. pro ut etiã dicimus quod minæ ita demum

demum faciunt metum, si is qui minatus est, solitus erat minas exequi, & vindictam sumere, alias non, vt per Imol.in.l.fi.in pen.col.ff.de hered.inst. Ang.Paul.& Ias.in.l.1.C.de ijs quib.vt indign.& Hipo.in prat.crim.§.diligenter,num.85 & in spetie quod nō sit metus eius qui dicit se timere Principem, qui non sit solitus inimicos offendere, & de eis de facto vindictam sumere, tenet Soci.cons.4.num.21.vers.quinimo.in.3. Item ex alio non erat iustus iste metus, quia si citato in ius parte CAESARIS, & habente securitatem à Rep. Ianuen.violentiam aliquam, aut iniuriam intulisset quis, incurrisset ipse, & eius complices Crimen Læsæ Ma.tam respectu CAES. qui inquirebat mediante Delegato, quam respectu Reipub. quæ securitatē dederat, vt dictum est, vt probatur in.l.1.ff.ad.l.Iul.Ma.vbi Bar.Ang.& alij. & in.l.vtimur.ff.de sepul.viol.Bar.Io.de Plat.Luc.de Pen.& Iaco. Rebuf. in.l.nullam vim.C.de nauicul.lib.11.Marti. Laud. in tract. de Crim.Læsæ Ma.§.6.Io.Fab.in.l.denuntiamus.C. de ijs qui ad eccle.confu. & tex.in.§. si quis hominem.& §.seq.de pace tenen.& Feli. in. c. ego enim. de iur.iur. num.20.& tradit Guid.Pap.decisio. Delphin. 418. in prin. incip. supra in questione. Ideo non est verosimile quod Princeps Auria fidelissimus CAESARIS, & Reipub.suæ Ianuæ benemeritus voluisset offendere Co. Scipionem, cui data fuerat securitas à Repub.& qui eo instigante citatus erat à Delegato CAESARIS, & de CAESARIS mandato, & propterea dicebatur esse sub protectione CAESARIS donec durabat tempus citationis, & si se præsentasset, & in carceribus Delegati constituisset, pariter dicebatur esse sub protectione CAESARIS, adeo vt nō posset ab aliquo offendi, etiam si foret bānitus, vt not. in.l.vlt.C.de cust.reor.& tradit Bar. in.l.in laqueum.ff.de acquir.rer.dom.& in.l.3.§.fi.de sicar.& in.l.legis Iuliæ.ff.ad.l.Iuliā.de vi.priua.Quinimo dixit Bal.in.l.libertas.ff.de sta.hom. quod si captus, vel carceratus est bannitus, quia conuictus, & ideo debet suspendi, si aliquis eum in carcere interficiat, vel etiam si eius consanguinei, vel affines ne infamiam incurrāt venenum illi ministrent, puniētur tanquā parricidæ, sequitur Io.de Ana.in.c.cum iuramēto.col.vlt.de homicid.tradit ēt Bal in.l.fi.C.de malef.& mathem.& in.l.fideicommissa.§. si quis. de lega.3.& in.l.1.col.pen.C.vnde vi.& tradit ēt Ang.de male.in vers.fama pu. nu 58.vbi Aug.in addi.quinimo reperio Paul. Cast.cōs.193. inci. viso ꝓcessu, & inquisitione formata ꝑ potestatē, Ciuitatis Pistorij.in antiqs (nō enim potui illud reperiri in nouis) dicentē quod etiā si extet statutū, quod liceat filio qualemcunque vindictam sumere contra interfectorem patris, quod tamen non poterit eum offendere, si sit in protectione iuris, puta quia captiuus, vel carceratus. Ex prædictis ergo patet clare quod nō poterat Co. Scipio citatus, & contra quem procedebatur secundum formam iuris, & iustitiæ, prætendere aliquem iustum, aut verosimilem metum. Metus enim debet probari talis qui iustus sit, legitimus, & verosimilis.l. interpositas.C. de transac.l.fin.in prin.ff.de eo quod met. cau.l. metum autem. eo. tit. & probatur etiam in.l.metum autem.la secunda.eo.tit. vbi sola suspitio non sufficit

sufficit,& dicitur in.l.2.§. fi. ff. ex quib. cau. maior. quod superuacuus timor non attenditur, & quando proceditur per viam iustitiæ nullus potest dici iustus metus,vt dicit Bal.in rub.extra quod met. causa.in prin.vbi inquit quod quidam sunt actus qui & cõtra inuitum fiunt, vt Iuditiorum rigor.l.inter stipulantem.§.1.de verb.ob.disciplina morum, & iustitæ administratio,& talis metus laudabilis est, neque rescinditur factum ex tali metu,& tradit.idem Bal.in.l.2.C.de ijs qui per met.iud. non appel. & probatur in.l.3.C.de hered.inst.& est glo.in.l.qui in aliena.§.fi.in vers.non fieri. ff.de acquir.hered.& probat etiam tex.& ibi Paul. & Ias.in.l. cum aliquis. C.de iur.delib.& ideo Bar.in.l.de pupillo.§.si quis ipsi prætori.in.8.q.ff.de oper.nou.nun.dicit quod ad hoc vt actus tãquam metu factus retractetur, nõ sufficit probare quod potuisset offendi,quia posset esse quod talis offensio fuerit iusta,& pro exequutione iustitiæ,sequitur Dec. cons.41. num.8. in fi.& 9.& præter eum pul.consuluit Anchar.cons.410.quod non sufficit dicere nolui adesse propter metum, sed opportet probare metum approbatum à iure,& verosimilem, & sicut metus probabilis probatur ex verosimili,vt declarat Io.Andr.in.c.bonæ.de appel.quem reffert & sequitur Bal. cons.364.col.1.in fi.in.3.vol. ita & e contra quod metus fuerit illegitimus probatur per locum à verosimili,vt contrariorum sit eadem disciplina, & non est verosimile,quod in terris vbi solet administrari iustitia, prout erat Ianuæ,sub specie iustitiæ administrandæ violentia aliquui,& iniuria inferatur,vt dicit Inno.in.c.2.circa fi. de aliena.iud.mutam. causa fac.sequitur Ias.cons.227.col.pen. in 2.

Item & ex alio probatur quod metus legitimus non fuit causa propter quã non comparuit,quia non fuit protestatus palam, & coram honestis personis quod locus ille sibi non erat tutus,& quod metu vitæ, ne scilicet occideretur ab inimicis nollebat comparere,ex hoc enim quod non fuerit protestatus palam,saltem in loco vbi erat tutus probatur,quod metus nõ fuit causa contumaciæ,vt per Bal.in cons.scismati.posito sub rub.C. si quis aliquem.testa.prohi.col.12.vers.sed in contrarium. & tradit Alex. cons. 114. num.4.& cons.146.num.31.in 5.& cons.69.num.7. in 7. & Soci.cons.45. col.1.in pri.vol.& tenet glo.in.c.fi.de appel.glo.in.c. cupientes.§. quod si per viginti.in vers.præpositæ.de elect.in.6.quam ibi Gemi. ad hoc not.vbi etiam Imol.dicit se hoc obtinuisse in facto,idem tenet Bal.in.l. properandum.§.si autem.vbi etiam Alex.C.de iudi. & in.l. de pupillo. §. si quis ipsi prætori.de nou.oper.nun.& licet sciam aliquos contrarium tenuisse,quod scilicet nõ sit neccessaria protestatio ad reuocandum actum metu factum, vt per Dec.in.c.fi.de appella.& in.l.in omnibus causis. de reg. iur. attamẽ cum multæ leges requirant protestationem,tutior est ista opinio in pratica quod requiratur protestatio,vt in specie dicit Ias.in.d.§.si quis ipsi prætori.col.4.& est sub num.2.vers.verum quia multa iura.& in.l. qui in aliena.§.celsus.col.5.vers. adde ad istam conclusionem. ff. de acquir. hered.

Præterea dato etiam quod non foret neccessaria protestatio, non tamen potest

potest negari quin eius omissio sit vna probabilis coniectura,ad probandũ quod metu non destitit,quia cum haberet facilem modum protestãdi dum erat in Gallia,quia erat in loco tutissimo,&poterat coram pluribus protestari,sibi imputandum si id non fecit,quod facile erat ei facere,vt declarãt omnes in locis præallegatis,&cum,vt dixi,foret in loco tuto,in quo audacter poterat publice,& coram honestis personis protestari, non suffecisset si clandestine protestatus fuisset,nisi talis protestatio ad aures Delegati peruenisset,vt tradunt Bar.& ceteri in.d.l.qui in aliena.§.fi.de acquir. hered. Bal.in.l.clari.in.fin.C.de fideicom.Ang.cons.218.col.2.vers. tertio quo tẽpore compromissi.& Alex.cõs.16.in.3. Præterea etiam respondetur,quod si timebat potẽtiam inimicorum debebat recurrere ad CAESAREM, vel ad eum mittere pro impetrãdo loco tutiori,nam ex aditione,&præsentia Principis tollitur omnis suspitio metus.l.1.C. de ijs qui propter metum Iud.non appel.vbi Bal.not.& dicit quod à Principe dependet omnis securitas,& probatur etiam in.l.fi.ff.quod met.cau.& in.§. patrocinia. in aut. de manda.Princi.& tradit Oldra.cons.251.col.1.Ias.cõs.72.col.1.in fi.1.vo. Atque etiam ab ipsomet Delegato Principis,qui etiam erat Vicarius generalis CAESARIS inter Feudatarios, potuisset si voluisset impetrare certiorem,& pleniorem securitatẽ,arg.l.1.ff.de off.præfec.prætor. Neque obstat quod Scipio nixus fuit probare, quod voluit recurrere ad CAES. & tamen non potuit impetrare audientiam, quia hoc in facto non præsuponitur probatum,ergo ista etiam ei negligentia imputanda, & quando ẽt à CAESARE non potuisset impetrare audientiam, non constat quid à CAESARE prætendebat tunc impetrare,nam non est verosimile,quod si tantum ad hoc implorasset eius clementiam,quod sibi cõcederet locum tutiorem,quod id non impetrasset,nam hoc fuisset iniquum, quod de Principe non est præsumẽdum,& si etiam hoc denegasset,præsumeretur ex iusta,& legitima causa id fecisse, vt per Cin. in.l. fi. C. si contra ius. vel vtil. pub.& per Abba.in.c.quæ in ecclesiarum. de const. & in.c.in causis. de re. iud.& in.c.cum inter.col.2.de excep.& in cons.84.col. vlt. & Io. de Ana. cons.81.col.2.in fi.Soc.cons.120.col.pen.vers.quintus casus.in.3.cũ conco. vt per Cur.Iun.cons.1.col.7.& seq. At qui certe verius credendũ est quod si tentauit aliquid à CAESARE, tentauit indulgentiam, quam noluit CAESAR indulgere conscius de crimine per eum commisso,non autẽ tentauit sibi pro iustitia tutiorem locum concedi,aut aliud assertum grauamen sibi illatũ tolli,quia si id tentasset facile impetrasset à CAROLO cuius iustitia,benignitas,& clementia nota est omnibus, Neque præmissis obstant ea quæ supra dicebamus in contrarium,quod citatus ad locum notorie non tutum non tenetur comparere, neque mittere excusatorem.

Quia primo possem negare conclusionem illam veram esse, nam tex.in.d. Clem.pastoralis.id non probat,neque negat quod fuerit missus excusator, fateor enim quod ad locum notorie non tutum, venire ipse citatus personaliter nõ tenetur,sed dico quod tenetur mittere excusatorẽ, & hoc tenet

expresse

expresse Rota. decis.15. incip. nota quod vbi aliquis citatur, ad locum non tutum. in antiquis. quę alias est 5. sub tit. de dolo. & contu. vbi etiam dicitur ita seruari, & præsertim cum quilibet etiam sinè mandato posset excusare, vt late per Franc. in .c. ex parte tua. num.15. de appel. post alios ibi. & eo maxime cum, vt dicitur, probatum sit, quod haberet affines maximæ authoritatis in Ciuitate Ianuæ, qui potuissent talē excusationē ꝑponere. Sed præterea dico quod contraria procedunt, quãdo locus est notorie nō tutus, sed negatur quod locus Ianuæ foret notorie nō tutus, præcipue stante Saluoconductu, & alijs pluribus de quibus supra. Tunc enim dicitur locus notorie non tutus, quando nulla in contrarium potest adduci ratio, ꝑ quam purgaretur omnis metus, prout potest in casu præsenti, cum nullus sani capitis posset verosimiliter dubitare, quod citatus à Delegato CAROLI IMP. in Ciuitate Ianuæ, stante etiam Saluoconductu dato per illam Ciuitatem, offenderetur ab aliquo, cum maxima offensa, & indignatione CAESARIS, qui de Repub. illa optime erat meritus, & ideo an tutus fuerit locus & iustus metus Co. Scipionis ex verosimilibus supra deductis quilibet sapiens, & prudens Iudex iudicare potest. Hoc etenim & Iudicis arbitrio relinqui solet, vt probatur in. l. metus autem causa. ff. ex quib. cau. maior. glo. in. l. interpositas. in vers. cruciatum. C. de transac. & per Dec. cons.218. num.3. Paris. cons.60. num.17. & cons. 139. num.10. & seq. & cons. 170. num.19. in 4. & per Gramma. cons.13. num.47. cum alijs multis cõcor. adductis per insignem compatrem meum honorandum D. Iacobũ Menoc. in suo fecundissimo tract. de arbitrar. Iud. lib.2. casu.135. Quod quidem arbitrium in verosimili fundari debet, nam lex habet illud ꝑ probato cuius contrariũ non est credibile, nec facile persuaderi potest, vt pul. inquit Bal. cons.204. num.7. in vers. item sicut mors. in.3. Ex quibus amplissime resoluuntur omnia, quæ circa hunc articulum, & hanc oppositionem dicta sunt per D. Rolan. à Valle. d. cons.68. num.18. cum plur. seq. in.2. quibus omnibus sigillatim, & ad vnguem nullo prorsus excepto responsum est per prædicta realiter, & secundum iuris terminos. Neque etiã obstat, quod domus Com. Scipionis, & fratrum fuerit desolata, quia id licuit, ex quo Com. Io. Aloisius, & fratres notorie erant rebelles Reipublicæ, & quod ob rebellionem domus deuastari, & desolari possint tale crimen cõmittentium tenet Luc. de Pen. in. l. quisquis. col.2. vers. vtrũ autem in tali crimine. C. de peti. bon. subla. & Math. de Affl. in. c.1. §. & bona cõmittẽtiũ. in.19. speciali. nu.37. in tit. quæ sint regal. in vsi. feud. & Gig. in tract. de Cri. Læsæ Ma. sub tit. de pen. cõmit. Crim. Læsæ Ma. q.35. vbi hoc pluribus cõprobat, & ideo illud qđ iure facere potuerũt nō dicitur iustũ metũ incuttere, vt supra late deduxi, Neq; ẽt pariter obstat qđ Respu. occupauit omnia Castra, & bona Fliscorũ, quia negatur quod occupauerit, quinimo CAESAR tanquã Dominus feudorum sibi illa iura vendicauit contra suos Feudatarios rebelles, & postea illa concessit partim Reipub. partim alijs, & partim titulo oneroso, vt Castrum Montobij quod fuit expugnatum impensis Reipublicæ, & partim ti-

F tulo

tulo donationis,& remunerationis,vt apparet ex rescriptis, & concessionibus CAROLI, de quibus clare constat in processu, ideo cum Principe authore possideant, nõ dicuntur iure hostili occupasse, vt asseritur per actorem,sed potius iuste possidere.l.iuste possidet.ff.de acquir. possess.l.2. C.de offi.ciu.iud.cum concord.de quibus per Doct.in.d.l. iuste possidet. Neque etiam verum fuisse in facto præsuponitur, id quod præterea ex parte actoris deducitur,ad arguendum probabilem metum comparendi,quod Respub.Ianuen.vel Princeps Auria quereret Familiam Fliscorum delere, quinimo in facto probatum præsuponitur, quod & tempore formati processus contra Com.Scipionem,& ante,&post,sorores ipsius Com.Scipionis,affines,&consanguinei eiusdem,quinimo & Iulius frater ipsius Scipionis commorabantur,& libere versabantur in Ciuitate Ianuæ,prout & alij ciues,neque vllam vnquam iniuriam , aut offensam receperunt à Principe Auria,neque à suis adherentibus,& pariter plures,qui in rebellione ipsa secuti fuerunt partes Fliscorum, tuto versabantur,& cõmorabantur in Ciuitate Ianuæ,ergo ex hoc nullus potest argui iustus metus , quinimo iniustus,& vanus,cum etiam,vt dixi,probata fuerit natura leuis,& facilis ad remittendas iniurias Principis Auriæ.Neque etiam iustum metum potuerũt inducere assertæ priuatæ inimicitiæ,tum cum illis de Cibo , tum cum affinibus Iannetini Auria interfecti à Io.Aloisio fratre Com. Scipionis. Quia quod attinet ad FamiliamCibo,videlicet.q.Iulij tantum abest,vt tunc tempore citationis uigeret inimicitia,quod imo maxima probata fuerit amicitia,& considerato,& præsuposito quod ante fuisset aliqua inter eos inimicitia,quod etiam negatur , attamen per subsequentem reconciliationem, & familiarissimam conuersationem censeretur remissa.l.si quis ita: §.fi.cũ l.seq.ff.de adim.lega.§.inimicitiæ.inst.de excu.tut.cum concor. Quinimo ex hoc inquisitum fuit contra Com. Scipionem , & etiam is condemnatus fuit,quod scilicet Com. Scipio conspirasset cum Marchione Iulio Cibo in damnum CAESARIS, & Reipub.Ianuen.& idem Iulius Cibo , vt dicitur probatum in processu,ante mortem attestatus est, se rebellionem machinatum fuisse,vt restitueret Fliscos in statu pristino,ergo non tantum inimicitia sed maxima amicitia probata inter hos apparet. Quo vero ad inimicitiam Iannetini probatum etiam dicitur ex parte reorũ , quod die præcedenti noctem rebellionis q. Io. Aloisius Fliscus familiariter versatus est in domo Iannetini,& ipsius filios est deosculatus, ergo clare constat, quod ex parte Iannetini nulla præcedebat inimicitia,quod si ipse Io.Aloisius ex parte sua mala moliebatur aduersus eum, & familiã suam , & ex eo postea sequuta est inimicitia,hæc quæ processit ex culpa sua debet nocere in hoc, non prodesse ei qui fuit in causa vt oriretur, vt est tex.& ibi Bar.not.in.l. cum tabulis.§.1.ff.de ijs quib.vt indi.sequitur Roma.sing.199.incip.tu habes.& præter eos Bal.in.l.omnes qui.§.verum si apparitor.num.3.vers.circa secundam rationem.C.de Episc.& cler.& Archid. in.c. statutum. nu.8. cir.fi.vers.non audens.de rescr.in.6.& Alex.in.l. recusare. §. fi. num. 6.ad trebel.& Rui.conſ.5.num.4.in 5.vbi in ſpecie hoc dicit, Regula enim eſt, quod damnum quod quis ex ſua culpa ſentit ſibi nocere debet. c.damnum. de reg.iur.in.6.l.quod quis ex culpa.ff.eo.tit. Præterea non poterat timere Familiam Iannetini, quia erant filij infantes, aut pupilli, vt in facto præſuponitur, Item cum foret in ius citatus parte CAESARIS, non erat veroſimile quod aliquis illum offendiſſet, cũ eſſet ſub protectione CAES. vt ſupra late deductum fuit, Quare ex prædictis omnibus concluditur, oppoſitionem hanc de non tuto acceſſu, in quo actor, & Excell. Rolan. à Val. qui pro eo conſuluit.d.conſ.168.in.2.ſe fundat, nil prorſus obſtare concurrentibus tot rationibus, & reſponſionibus de quibus ſupra.

Tertio opponitur contra idem edictum, & citationẽ, quod licet locus Ianuæ ad quem citabatur fuiſſet tutus, tamen loca, per quæ facturus erat iter ad Ciuitatem Ianuæ, non erant tuta, quia erant ſub ditione CAESARIS cuius gratiam non habebat, nam non ſufficit locum ad quem quis citatur tutum eſſe, ſed opportet quod etiam loca per quæ tranſiturus eſt, vt veniat ad locum iuditij, ſint tuta, vt probat tex.in.c.accedens. il ſecundo.in verſ. non niſi per diſtrictum eius.vt lite non conteſt.& tenet Oldra. conſ.43. & glo.in Cle.1.in verſ.ſecuritate.de foro compe.& tex.in.c. veniens. in verſ. viarum.vbi etiã Maria.in.5.not.de accu.ſed reſpõdetur primo, quod poterat etiam per alias vias venire Ianuam, quam per diſtrictum CAES. vt præſuponitur in facto, & etiam probatur euidentia facti, quia ſi ipſe Com. Scipio ſe contulit in Galliam abſque eo quod tangeret terras IMPER. poterat etiam pariter, redeundo per eaſdem terras ſibi tutas, iter facere, & quando quis plures habet vias veniendi ad iuditium, non ſufficit probare vnam viam non fuiſſe tutam, ſed opus eſt quod probet nullam prorſus ſibi tutam fuiſſe, vt tenet Maria.Soci.in rub.de dilat.& dicit notandum in pratica quem ſequitur Feli.in.c.accedens.il ſecundo.num.14.verſ.quinta concluſio.vt lite non conteſt. Præterea & ſecundo reſpondetur, quod cũ Delegatus CAESARIS illum citaret ſatis dicitur eum ſecurum reddidiſſe à quacũque offenſa in territorio CAESARIS, quia cum quid conceditur intelliguntur conceſſa omnia, quæ neceſſaria ſunt ad finem quem cupit concedens.iux.l.ſecundam.ff.de iur.omni iud. Item & tertio reſpondetur, quod ſi miſiſſet excuſatorem ad Delegatum, impetraſſet procul dubio ſecuritatem generalem per totam ditionem IMPERATORIS, quod cum non fecerit ſibi eſt imputandum, vt dixi ſupra etiam in præcedenti ſecunda oppoſitione in alio propoſito, nam impedimẽtum quod tolli poteſt nunquam excuſat.l.ſed & ſi per procuratorem.§. hæc clauſula. ff.ex quib. cau.maior.l.quibus diebus.in prin.& ibi Soc.in.3.not.ff. de cõdi. & demõſ. l.qui poteſt facere.ff.de reg.iur.c.fi.de elect.c.2.vbi Dec.in 4. not.de teſti. c. cum ſit Romana. de appell.

Quarto opponitur etiam per actorem huic edicto, quod in eo non erat inſertus locus, in quo deberet comparere coram D.Delegato, ergo non valuit cum certus sit locus inserendus in citatione, vt sciat reus quo se conferre ad se deffendendum alias est nulla, maxime in Iudice Delegato, qui non habet certam sedem,& certum tribunal, vt tradit Bar. in.l. si vt proponis. la secunda.C.quomodo & quando Iud.& Ang.in.l. vt perfectius in pen. col. C.de anna.excep.& per Specu.in tit.de cita.§.1.vers.item quod citatus.& not.in.c.fi.de rescrip.& per Alex.cons.71.num.5.in 7. Verum & huic oppositioni pluribus modis occurritur, Primo quia hæc oppositio videtur contraria superiori, nam in superiori asseruit actor locum Ianuæ ad quem fuerat citatus non fuisse tutum, ergo sciebat locũ ad quem citatus fuerat, ideo contraria proponens non auditur.l.1.C.si seru.exte.l.1. cum materia C.de furt.vbi concord. Secundo respondetur quod satis certus erat Com. Scipio de loco ad quem citatus erat, ideo certus non debet vlterius certiorari. l.1. in. fi. ff. de act. emp. l. 1. in fi. ff. de dot. prælega. l. 1. §. aiunt. &.§.intelligatur.de ædil.edic.c.eum qui certus est vlterius certiorari non oportet.de reg.iur.in.6.tradit Bar.in.l.edita.num,27.& 29.C. de eden. & in materia citationis tradit Ias.in.l.1.num.1.in fi.ff.de in ius vocan.& in pulchro casu ita etiam arguit Paris.con.93.num.60.& seq. in pri. Quod autẽ esset certus patet,quia notoriũ erat in tota prouincia, quod Illust. Suarez Delegatus erat generalis Vicarius AVGVSTI CAROLI, & quod residebat in Ciuitate Ianuæ,quia quando est aliquis Iudex generalis in prouincia, vbi ipse reperiatur in ea ibi est tribunal suum, & hoc casu locus in citatione omitti potest, & satis dicitur citatus ad certũ locum, vbi citatus est vt compareat coram eo,& si exprimatur locus,id erit potius ex vrbanitate,quam ex necessitate,vt inquit Vanti.in tract.de nullit.sub tit.de nullitate ex deffectu citationis.num.64.vbi dicit hoc esse ex mente Doct. Tertio dicitur quod erat etiã certus,ex eo quod D. Delegatus per multos annos erat solitus residere in Ciuitate Ianuæ,& hoc etiam erat notorium, ergo citatio facta sine loci expressione debet intelligi de loco, in quo cõsuetus erat residere,vt tradit Pet.de Anchar.in.c.cum Episcopus.de off.ordi. in.6 sequitur Feli.in.c.cum. M.Ferrariensis. num.xj. vers. & si Episcopus citauit.de consti.

Quarto certus erat ex loco scripto in ipso edicto,in quo datum, & scriptum fuerat edictum,& affixum, sicut enim dies datæ reddit quo ad tempus quẽ certum,vt per omnes in data lib.6.& per Bar.in extrauag. qui sint rebel.in fi.in vers.data.& per Paris.cons.101. num. 115. ita etiam respectu loci vt ibi dicunt Doct.valet enim argumentum de tempore ad locum. l. vinum.ff.si cert. peta. vbi concor.

Quinto certificatus fuit saltem ex secundo edicto, in quo appositus fuit locus suæ solitæ habitationis, vt videri potest in eo.

Sexto cum Com.Scipio haberet in Ciuitate Ianuæ affines plures, & consanguineos,& amicos præpotentes facile potuit, si voluisset certiorari, & scire locum, dato etiam quod non sciuisset, prout vere sciebat, & paria sunt quem scire quid,vel facile scire posse. l. quod te. vbi not.omnes. ff. si cert. peta.

peta.& in.l.si duo.ff.de acquir.hered.l.si titius,& seia.in prin.ff.de fideiuss. l.Iulianus.quæ est penul.ibi qui sciret,aut scire potuisset.ff.ad S.c.Maced. l.quisquis.& ibi glo.vlt.ff.de rescin.vedi.l.idem.ibi intelligit. vel intelligere debet.ff.ad.l.aquil.l.qui cum alio.vbi glo.in vers.eius.ff.de reg. iur.cum plur.concord. quæ adduci possent.

Septimo debuit saltem protestari se ignorare locum , & paratum dato loco comparere , prout dictum fuit supra in responsionibus ad præcedentem oppositionem de loco non tuto.

Octauo constat iam quod etiam si fuisset appositus locus Ianuæ , quod tamen ideo noluisset comparere,quia iam nunc etiam asserit locum illum sibi tutum non fuisse,& ideo quod non tenebatur comparere,ergo ista oppositio non est habenda in aliqua consideratione,cum dato quod fuisset appositus locus certus attamen nō comparuisset, frustra enim querimus de eo cuius euentus nil plus attulisset.l.ad probationem.C.de probat.l.nec stipulatio. §.diuus.ff.vt lega.nom.caue.l.aliquando.§.fi.ff. ad velle. l. cum heres. §.1. ff.de acquir.hered.& ideo videmus quod licet qui habuit iustam causam litigandi,& à principio fuit in bona fide, quia non viderat iura partis aduersæ,non fit condemnandus in expensis pro tempore quo fuit in bona fide, attamen si post productionem,& visionem iuriū partis aduersæ , adhuc perstitit in prima opinione,& noluit credere,hoc casu condemnandus est etiā in expensis factis pro tempore quo fuit in bona fide, quia etiam dato quod à principio producta fuissent illa iura,quibus noluit post productionem acquirere,verosimile est quod nō cessisset,vt tenet Bar. post Gugliel.de cun. in.l.edita.C.de eden.num.31. vers. sed si in vtroque modo , sequitur etiam Roma.sing.501.incip.alio sero.vbi quod licet quis non dicatur in mora,neque teneatur ad expēsas litis, nisi prius extraiudicialiter fuerit interpellatus,tamen hoc fallit nisi in ius vocatus recusaret satisfacere,nam Iudex p̄sumere debet quod etiam si extraiudicialiter fuisset interpellatus recusaret tamen soluere,sequitur Abb.in.c.2.2.col.de accu.Feli.in.c. nouit.col. pen. in fi. vers. fallit primo. de iudi. Ana. in. c. licet eli. col.4. de simo.& Ange. in.l. debitores.C.de pign.& Paul.in.l.si reus paratur. de procur.& in.l.destitisse.ff.de iudi.Feli.& Deci.in.c.nouit.col.fi.de iudi. idem Dec.in l.qui in alterius.de reg.iur.num.8.& seq.vbi & Cagno. & præter eos Gui. Pap.decis.Delphi.137. in prin.

Quinto etiam principaliter opponitur per actorem contra.d.edictum, quod esset nullum,quia cum dicatur emanasse à Delegato CAESARIS, debuit in ipso edicto inseri copia ipsius rescripti, & Delegationis alias remanet nullum,vt tenet Inno.in.c.2.in vers. vlterius. extra. de dilat. sequitur Ang.cons.8.num.2.vers.secundo quia.& ante eum.glo.in.c. si Episcopus. 3.q.2.c.cū in iure peritus.vbi scribent.de off.delega. Bar.in aut. qui semel. C.quomo.& quando Iud.num.12.& in.l.2.nu.6.ff.si quis in ius. voc. nō ier. Verum ad hoc etiam respondetur quod primo posset negari verā esse conclusionem præallegatam , & quod imo verius sit, Delegatum non teneri

transmittere

transmittere copiam delegationis in edicto, quia hoc tenuit Spec. in tit. de cita. §. 1. vers. item quod rescriptum apostolicum. & est sub. nu. 14. vbi dicit hoc idem tenuisse Vincen. nam citatus debet comparere, & allegare priuilegium exemptionis, si habet, vel petere sibi exhiberi copiam delegationis, si vult videre, & idem tenet Imol. in. c. præterea. num. 1. de dilat. vbi etiam Inno. dicit num. 1. quod sufficit quod in citatione afferat causam suæ iurisdictionis, puta quia Delegatus, nam debet citatus comparere, & petere copiam delegationis, si vult videre, alias potest Iudex Delegatus procedere ad sententiam etiam condemnatoriã, vt ibi per eum, & idem videtur ibi tenere Bal. num. 2. cir. fi. vers. nota primo de tenoris insertione, & idem etiã tenet ibi Hostiens. col. 3. in vers. nõ sunt vlterius. vbi dicit quod sufficit mittere vel copiam rescripti, vel causam suæ iurisditionis, alias non tenebitur cõparere, idem quoq; ibi videtur tenere Zabarel. col. 2. vers. oppono quod non teneatur. vbi dicit, quod si in citatione saltem aparenter potest credi de iursditione tenebitur comparere, & clarius hoc tenet ibidem. Anto. de Butr. num. 7. vers. puto quod si in citatorijs. cuius hæc sunt formalia verba „ post recitatas varias opin. scriben. Puto quod si in citatorijs asserit se in „ Delegatum, dato quod nec rescriptum, nec copiam rescripti transmittat, „ arctetur citatus ad comparendum, quia sufficit per Iudicem causam alle„ gari in citatione, per quam probetur iurisditio, quia satis est quod hæc as„ sertio Iudicis ingerat probabilem dubitationem reo, quod posit esse verũ quod sit Delegatus. Hæc sunt verba Anto. & hoc etiam aperte tenet Inno. „ in. c. prudentiam. num. 1. de off. Delega. cuius hæc sunt verba. Tunc ergo „ tantum tenetur citatus ire, quãdo citans ponit in citatione sua causam iu„ risditionis, puta quia dicit se Delegatum, nam ex his dictis Iudicis fit res „ dubia, vel saltem aliquam causam dubitationis habet, & ideo cõparere tenetur. Hoc idem tenuit Feli. in. c. cum iure peritus. de off. delega. num. 4. vbi relata suprascripta contraria opin. tenentium quod in citatione sit necessaria insertio totius delegationis, subdit hæc verba, Veritas est in contra„ rium quod non tenetur ponere copiam rescripti, & delegationis, Quare „ sufficit citare dicendo se Delegatum, licet postea parti comparenti, & pe„ tenti teneatur exhibere copiam delegationis per illum tex. Hæc Feli. quæ verba clare decidunt casum nostrum & hanc quoque opinio. sequitur con sulendo Paris. cons. 99. num. 9. in 4.

Secundo respondetur quod dato quod contraria opinio esset verior, & communior, attamen huic Iudici Illustrisimo & Consiliario CAESARIS, & Vicario generali in Liguria afferenti se Delegatum credi debuit. c. nobiliss. 97. dis. & per Alex. cons. 106. num. 19. in. 2. cum multis concord. adductis per Vanti. in tract. de nullit. sub tit. quib. mod. sententia nulla reper. num. 43.

Tertio respondetur, quod talis insertio rescripti de stillo, & consuetudine in illis partibus Liguriæ nõ seruatur, vt in facto præsuponitur notorium esse in Ciuitate Ianuæ, sed statur simplici assertioni Delegati, nisi petatur à citato,

tato,& tali consuetudini,& stilo standum est.vt not.in.c.fi.de consue.in.c. ex parte.de capel.mona.in.c.porrecta. de confir. vtil. vel inutil. & tradit Alex.conf.58.circa fi.in 7.& conf.39.col.vlt.in 3.& Deci.conf. 699.nu.4. & in terminis nostris,quod credatur asserenti se esseDelegatum,si ita sit de stilo,tradit Lap.allegatione.32.incip. an frater. num.4.

Quarto respondetur,quod cũ nõ foret tutus accessus ad ipsum Co. Scipionẽ, vt probatũ est in ꝓcessu,quia erat in Gallia,hostibus Gallis inseruiẽs,nõ poterat ad eũ mitti copia delegationis , & cũ talis absentia foret ex culpa sua, ei nocere debet,nõ alteri,& ideo cũ non potuerit ad eũ mitti citatio,sed cũ potuerit ꝑ edictũ citari,vt supra late conclusum fuit,satis fuit quod in loco in quo factũ fuit,&affixũ edictũ notũ erat quod locus iudicij corãDelegato erat Ianuæ,& quod ideo citabat Co.Scipionẽ vt Ianuæ compareret, & oẽs scriben. in.d.c.cũ in iure peritus.de off.deleg.& in.d.c.2.de dilat.& in locis supra allegatis.cõcludũt quod si citatus est in partibus,&Diocesi citãtis nõ est necesse quod inseratur copia delegationis in citatione,quia potest ad libitum petere sibi dari copiam, imo & originale si maluerit , sed est necesse quod inseratur tantũ quãdo mittitur citatio in scriptis,vel ꝑ literas ad citatũ absentẽ in longinquis partibus,At qui in casu nostro ad Co.Scipionẽ nõ poterat mitti citatio,neque per literas poterat citari ob nõ tutũ accessum, vt supra visum est , ergo non est imputandum Delegato si non transmisit exemplum delegationis,sciebat enim quod ad eum,deueniret notitia d.citationis per eius affines, & consanguineos , vel alios qui erant in Ciuitate Ianuæ qui sciebãt omnes optime vere factam fuisse delegationem à CAESARE ipsi Ill.Suarez, & si voluissent etiam exemplum ipsius delegationis,illud habere potuissent,ergo non erat necessaria insertio d.exempli delegationis,sed satis fuit asserere delegationẽ, & narrare causam citationis.

Quinto respondetur,pro ut & vltimo loco respondi ad præcedentem oppositionem,videlicet quod insertio d.delegationis nullum effectum produxisset,nam certum est quod etiam si fuisset insertum exemplum delegationis, non propterea comparuisset,ex quo nunc allegat locum ad quem fuit citatus nõ fuisse tutum,item certum est,& notorium quod nil potuisset opponere contra ipsam delegationem quod releuaret,neque nunc quidquã audet opponere,per quod constare possit,quod non obstante delegatione potuisset declinare ipsius Delegati iudicium,ergo talis omissio non debet vitiare,Quia imo neque citatio (quod plus est cum sit de iure naturæ) requiritur,neque eius omissio vitiat, quando certum esse potest , quod etiam si facta fuisset citatio,nullam tamen exceptionem,aut defensionẽ facere potuisset,vt dicit glo.& Abb.in.c.cum olim.de re iud.&in.c.ex insinuatione. circa fi.de appella.& in.c.1.col.2.de cau.possess.&proprie.cum multis concor.de quibus per Feli.in.d.c.cum olim.num.23.& conf.101. nu.123. in pri. & per Dec. conf.698. num.2. &.3.

Sexto quoque principaliter cõtra edictum opponitur,quod fuit vnicum tantum,& illud quidem non peremptoriũ, & tamen vt quis dicatur cõtumax,

& vti

& vti contumax damnari posſit requiritur quod ter citetur,vel ſemel peremptorie.l.conſentaneum.C.quomo.& quando Iud.l.tres denunciationes.C.eo.maxime vt quis poſsit.priuari.iux.l.impuberibus.§.fi.ff.de ſuſpe. tut.cum ſimil.de quibus per Iaſ.in.l.1.§.is videtur.nu.12.ff.ſi quis. ius.dicē. non obtemp.& Feli.in.c.ex literis.col.4.de cōſt. vel ſaltem oportuit quod foret vna citatio pro tribus.in qua expreſſe diceretur quod vult illam haberi pro tribus,vt per Feli.late in.c.conſuluit.num.13. de off. delega. quod procedit etiam in criminalibus,vt ibidem per ipſum Feli.in quarta fallen. Quinimo debent aſsignari in ſingulis citationibus triginta dies, & quando fit vna pro omnibus debent aſsignari nonaginta,vt per Maria. in tract. citationum.in.27.arti.prin.in.8.q.vbi dicit hanc eſſe communem,& probantur præmiſſa per tex.in.l.abſentem.ibi ſæpius moniti.ff.de penis. & hoc etiam opponit Valla,qui conſuluit pro Com.Scipione in.d.cōſ.68.num.32.

Ad iſtud autem reſpondetur primo,quod in Crim.Læſæ Ma. proceditur ſummarie, & de plano,ſine ſtrepitu,& figura iudicij,vt eſt tex. clarus in extrauag.ad reprimen.in verſ.ſummarie,de plano,ſine figura iudicij . vbi etiam Bar.late, & Lauden. in tract. de Crim.Læſæ Ma.not.47. Afflict.in tract. quæ ſint regal.in verſ.& bona comittentium. num.26. Sed vbi proceditur non ſeruato ordine iudiciario ſufficit vnica citatio , & vnicus terminus,& idem Bar.in ſpecie dicit in.d.extrauag.in verſ.in termino,neque eſt neceſſarius terminus peremptorius,vt idem Bar.dicit in eadem extraua.in verſ. ſuper dicto crimine. num.5.& ſequitur Maria.in tract.citatio.art.20.q.18. eſt. num. 48.

Secundo reſpondetur,quod imo citatio illa prima fuit peremptoria,quia fuit facta cum cōminatione quod haberetur pro confeſſo, & quod condemnaretur,vt in facto præſuponitur,quæ cōminationes habent vim peremptorij,vt tenet Bar.in.l.ſi finita.§.Iulianus.num.4.ff. de dam. infec.& in.l.2. num.7.C.quomo.& quando Iud.& idem.in.l.peremptorium. de iudi.& in l.mancipiorum.de op.lega.ſequitur.Rota. deciſ.245. incip. licet in cauſis prophanis.quæ eſt x.ſub tit.de re iud.in nouis,idem tenet Anto. de But.in c.2.ne cler.vel mona.Panorm.in.c.cauſam quæ. vbi Feli. late num.8. cum plur.ſeq.de reſcr.& in.c.inquiſitionis.num.14.verſ.item adde quod ſi in citatione eſt facta comminatio.extra.de accu.& Iaſ. in.l. 1. §. is videtur.ff.ſi quis ius dicen.non obtemp.num 6.& in.l.fi.num.17. ff.de feri.

Tertio reſpondetur, quod contraria poſſent peocedere quando vnica fuiſſet citatio,vel vnicum edictum , & ſuper eo vellet Iudex proferre ſententiam condemnatoriam,nam non poſſet ſi nō fuiſſet illa prima citatio peremptoria,quia requireretur etiam alia ad audiendam ſententiam per iura in contrarium adducta,At in caſu noſtro præter illam primam citationem, ſiue edictum fuit facta etiam alia citatio,& aliud edictum ad audiēdam ſententiam,vt patet in proceſſu;quo caſu nil poteſt opponi, cum non comparuerit etiam ad hoc edictum,ſed contumax ſemper remanſerit, maxime quia in hoc edicto citatus eſt non tantum ad audiendam voluntatem , quo caſu

dubitarunt

dubitarunt aliqui an sufficeret, sed etiam dictum fuit ad audiendam sententiam, vt tradunt omnes in Clem. sæpe. de verb. signi. in glo. in vers. ad id. & glo. in c. contumacia. de hæret. in. 6. vbi Gemi. & in. c. 2. in vers. ad sententiam audiendam. de dolo. & contu. in. 6. & tradit Inno. in. c. Inquisitionis. de accu. vbi Feli. num. 14. vers. & intellige prædicta.

Quarto respondetur, quod cum per duo edicta nõ curauerit comparere, certi possumus esse, quod etiam si tria præcesissent, pariter non comparuisset, quia mens sua erat inseruire Gallis inimicis CAESARIS, non autẽ obedire CAESARI, vt ex effectu constat, à quo sumptum est argumentum validissimum in iure. l. debitor. vbi Castrens. not. ff. ad trebel. & in. c. vbi periculum. in prin. & c. fundamenta. circa med. de elect. in. 6. glo. in. l. 3. C. de summa Tri. & fi. Cath. & in. l. nullus videtur dolo facere. ff. de reg. iur. & in l. cuius effectus. eo. tit. vbi Dec. & Cagno. exitus enim acta probat. l. rem nõ nouam. cir. fi. C. de iudic. §. quorum vtranque viam. in prohe. insti. & c. quatuor. xij. q. 2. cum igitur certi esse possumus quod Com. Scipio non comparuisset magis ter citatus, quam cõparuit bis citatus, tertiæ citationis omissio, etiam si alias fuisset necessaria, non vitiaret, per ea quæ supra deduxi in vltima responsione ad quartam oppositionem factam contra hoc edictũ.

Quinto etiam respondetur, quod præsuposito non tamen concesso, quod in casu præsenti de iure necessaria fuisset trina citatio, attamen quidquid sit de iure, de consuetudine tamen in Italia in criminalibus hoc nõ seruatur, sed sufficit vnica citatio, vel ex arbitrio Iudicis, vt in terminis dicit Bonif. de Vital. in pratica sua malef. sub rub. de citatio. accusati, vel inquisiti. nu. 1. Quam etiam sic extare asserit modo citetur etiam ad audiendam sententiam, vt factum fuit in casu nostro, tradit Blanc. in prat. crim. §. 1. incip. supradictum fuit. num. 19. est mihi cart. 10. Quinimo de consuetudine etiam omittitur quandoque citatio ad audiendam sententiam, sed tantum sonu tubæ citantur, vt talem esse consuetudinem attestatur Ang. in tract. male. in vers. qui Iudex commisit L. præconi. num. 2. & 3. & Præposi. Alexan. in c. de accusat. 2. q. 8. & idem dicit Iul. Clar. hos referens lib. 5. sententiarũ recep. §. fi. q. 44. vers. item quero nunquid reus. & quod sufficiat citatio ad audiendam sententiam vnica de consuetudine idem etiam Iul. Clar. hoc attestatur in. d. §. fi. q. 31. vers. sed hic quero nunquid etiam.

Septimo, & vltimo opponitur contra idem edictum, quod non fuit affixum in loco solito, & licet dicatur quod fuit affixum vni ex columnis, non tamẽ constat cui ex. d. columnis affixum fuerit, quinimo licet mandatum fuisset à Delegato affigi edictum vni ex columnis plateæ bancorum, nuntius tamen non retulit secundum commissionem, quinimo ex quo citatio erat facta per edictum, non sufficit quod fuerit affixum edictum in vno loco tantum, sed debuit saltem duobus in locis affigi, vt tenet Rota decis. 79. in nouis. quiæ est quinta in ordine. sub tit. de rescr. & decis. 523. in antiquis. 33. in ordine. sub tit. de rescr. & Bellemer. decis. 194. Feli. in. c. quoniam frequenter porro. num. x. extra. vt lite. non contes. in vers. secundo nota. & Paris.

conf.31.num.31.in.4.item non requiritur sola affixio,sed etiam requiritur quod referat nuntius se legisse,alias exequutio non valet, vt voluit Rota. decis.224.in nouis quæ est.8.in ordine.sub titulo de dolo & contu.& talia edicta debent proponi in locis solitis,vt probatur in.2.const.Cod.cir.fi.ibi edictis ex more propositis,& tradit Bar.in extrauag.ad reprim.in vers.pu blice.& Maria.in tract.de citatio.num.23.q.9. est mihi. num.x.

Ad prædicta autem respondetur,quod imo in factum verum est, quod edicta fuerunt affixa in loco solito,scilicet vni ex columnis bancorum,& hanc esse consuetudinem probatum asseritur parte reorum super 15. capitulo, ideo ex hac veritate facti tollitur omnis dubitatio, & licet plures sint collumnæ nil refert,satis est quod omnes.d. collumnæ sunt in vno loco publico,videlicet in platea bancorum,nam & Clem.1. de iudi. requirit quod in valuis Ecclesiæ apponatur edictum, & tamen non reffert cui ex pluribus valuis fuerit affixum modo publice patuerit,vt vbi tradunt omnes, & tradit Abb.& alij in.c.fi.de dilat.& Alex.in.l.qui ante Kl̄edas. in fi.de ver.ob.

Secundo non obstat,quod debuisset affigi in duobus locis, quia illud verum de iure canonico in casu speciali,quando scilicet committitur causa cū potestate citandi per edictum in locis vicinis in portis affigendum,& est ratio quia debet attendi forma mandati, & commissionis quæ cum loquatur de locis in numero plurali,non potuit verificari in vno loco,& ideo debuit affigi saltem in duobus, cum pluralis locutio duorum numero sit contenta. c.pluralis.de reg.iur.in.6.forma enim mandati diligenter,&ad vnguem est obseruanda. c.cum dilecta.de rescr.& istis rationibus mouetur Rota,& ceteri supra allegati,ad tenendum quod in duobus locis saltem affigi debeat, stante commissione loquente in numero plurali,vt dixi, At in casu nostro in delegatione CAESARIS non sunt illa verba pluralis numeri, sed tantum sunt scripta hæc verba. Damus enim,& concedimus tibi plenā potestatem citandi ipsum Scipionem etiam per edictum,vbi illius copia haberi non posset. Concludo ergo, quod de iure communi nō requiritur quod in duobus locis affigatur,sed sufficit quod in vno affigantur edicta, vt per Maria.in.d.q.9.in art.23.in tract.de cita.& per Bal.in.l.& post edictum.in prin.in.pri.lect.vers.item videmus Florentiæ.de iudi. verum fallit si in cōmissione,& delegatione dictum fuisset quod citaretur per edictum affigendū locis vicinis,nam vt verificetur illa vox pluralis, locis, requiritur,quod saltem in duobus locis affigatur, ita loquuntur contraria loquentia de edicto affigendo in duobus locis, & in casu nostro commissio etiam facta per Delegatum nuntio de affigendo dicit, quod affigatur vni ex columnis plateæ bancorum,non specificando vnam potius quam alteram, ideo electio fuit nuntij qui tenebatur exequi.arg.l.plerunque.in fi.de iur.dot.cū vulg. concord.& sic per prædicta responsum est etiam clare secundo fundamento D. Rolandi à Valle, facto pro Com.Scipione.d.conf.68. num.28.in.2.

Tertio non obstat,quod requiratur nuntium referre non tantum quod affixerit,sed etiam quod legerit, Quia respondetur hoc neque de iure verū esse,

neque

neque de consuetudine obseruari, sed sufficit quod referat nuntius se publicasse,& affixisse, vt habetur in Clem.causam.de elect.vbi nil dicitur de lectione, sed tantum requiritur affixio, & habetur etiam in.d.Clem. 1.ibi ianuis affigendæ.de iudi.& tradit etiam Bar.in extrauag.ad repri.in vers. publice.per tex.in.l.de pupillo.§.prescribere.de inst.act.& pul.per Cassador.decis.4. sub tit. de appella. At in casu nostro retulit nuntius se publicasse,& affixisse,ergo optime satisfactum.

Quarto non obstat quod videatur relatio nuntij contraria commissioni, quia scilicet commissum fuit per Delegatum, quod edictum affigeretur vni ex columnis banchorum,&tamen retulit nuntius se affixisse vni ex columnis plateæ,quia imo in facto contrarium verius, quia & in cõmissione dicitur quod affigatur vni ex columnis plateæ bancorum, & nuntius ad vnguem retulit se affixisse vni ex columnis bancorum, & in omnibus, & per omnia pro ut in præcepto continetur,& relationi nuntij standum est,vt per Bar. in extrauag.ad reprim.in vers.per nuntium,& in.l.hæc autem.§.1.ff.quib. ex cau.in possess.ea.& in.l. multum interest ff.de condi. & demons.

Nono principaliter opponitur nullitas ex defectu personæ citatæ, videlicet, Com.Scipionis,Primo quod tempore quo fuit citatus erat minor, ergo citari non potuit saltem sine curatore, neque cõtra eum formari processus, & formatus nullus erit.l.clarum.C.de autho, præstan. & in.l.cũ minores. C.si aduer.rem.iud.& per Bar.in.l.fi.§.pupillus.ff.de verb.ob.&in.l.in vniuersis.C.qui dar.tut.poss.vbi omnes concludunt,quod etiam si minor sine curatore confessus foret delictum talis confessio non noceret,tradit Ang. late in tract.malef.in vers.comparuerunt D.Inquisiti, & confitentur totũ. num.7.seq.ibi Aug.in addi.Adeo quod etiam si iurasset minor non contrauenire tali confessioni,non tamen ideo ligaret confessio inquit Bal in. l.1. C.de confess.vers.sed pone.sequitur Ang.in loco præallegato.nu.9.& Bal. cons.210.in pri.& tenet Alberic.in.l.cum & minores.cir fi.vers. item quero ecce quod contra.C.si aduer.rẽ iud.& in 4.parte statuto. q.84. & Hip. cons.26.nu.9.cum seq.& cons.48.per totũ.& in.l.1.in prin.nu.11.de quest.

Sed ad hæc respondetur,contrarium imo verius esse, quod contra minorem contumacem,etiam non habentem tutorem in criminalibus vbi venit ingerenda pœna corporalis procedi potest, quia minor in delictis pro maiore habetur.l.1.C.si adu.delic.l.si ex causa. §. nunc videndum. &.l. si auxilium.§.in delictis.ff.de minor. vbi excipitur tantum vnus casus, videlicet nisi quattenus miseratio etatis ad mediocrem pœnam Iudicem induxerit, & ibi glo.Bar.Bal.Ang.&ceteri,& in.l.1.§.accusationem.in fi.ff.ad turpil. & in.l.1.ff.ad.l.iul.de ambi.& hoc in specie tenet Bal. in.d.l.cum & minores.C.si aduer.rem.iud.& ideo Ang.in tract.malef.in vers.qui dominus Iudex videns quod inquisiti non comparent. num. 2. dicit quod bannũ potest contra minorem,& indefensum infligi,& pluribus prosequitur Natta cõs. 504.cum duobus sequẽ. in 3. vbi late.& Boer. decis. 63. minor contumax.

Secundo quod Curatoris omissio nõ viciet facit,quia sequeretur quod minor non teneretur personaliter comparere in delictis quantumcunque grauibus, nam posset comparere curator, & iudicium in se sumere, iuxta.l.1.§. sufficit.ff.de adm.tut.quod tamen non est dicendum, quia in criminalibus, vbi venit imponenda pœna sanguinis, quilibet tenetur personaliter comparere, neque potest per aliũ.l.pen.§.ad crimen.vbi glo.& oẽs.ff. de pub.iud.

Tertio probatur, quia minor potest citari in criminalibus absque tutoris authoritate, quia talis citatio non est actus minoris, cui authoritatẽ curator præstare posit, sed est actus Iudicis, & ideo si nõ comparet, nullus est actus adhuc minoris, cui authoritas tutoris interuenire posit, & propterea potest tanquam contumax iudicari.l. si minor.ff.de bon. autho. iud.posid.l. minor etiam quasi contumax.ff.de minor.l.si finita.§.si forte ff. de dam.in fec.& Specu.in tit.de contum.§.nunc dicamus.cir.fi. vers.sed nunquid minor.& hoc etiam tenet glo.& Bal.in.d.l. minor etiam. licet aliqui contrarium tenuerint, quorum opin.cõmuniter reprobatur, vt ibi per omnes, & est ratio quia in potestate minoris erat petere curatorem, & legitime comparere.d.l.in vniuersis.C.qui dar.tut.poss.& probatur in.l.contumacia.ff. de re iud &ideo videmus quod iura loquentia de contumacibus habent locum etiam in minoribus contumacibus, & propterea & ipsi patiuntur primum & secundum decretum.l.apud Iulianũ.§.fi.ff.quib.ex cau.in poss.ea. Alex.cons.65.col.antep.in.6.&ideo cum authoritas non posit interponi, nisi in ipso actu, vel ante, vel post statim.l.obligari.§.tutor.ff. de auth.tut. l.si quis mihi bona.§.iussum.& ibi Bart. & alij. ff. de acquir. hered. §.pen. inst. de autho. tut. non comparente minore frustratoria fuisset curatoris constitutio, cum nullus actus per minorem factus extare potuisset, cui fuisset authoritas præstanda.

Quarto respondetur, quod propter atrocitatem criminis nempe rebellionis, & Læsæ Ma.potest procedi etiam contra minorem absque curatore, vt videtur innuere. Bar.in extrauag.ad reprim.in vers.conditionis. vbi quod potest contra minorem procedi vti contra maiorem, modo sit tale delictum, quod cadat in minorẽ.sequi.Boss.in tra.crim.sub tit.bãniri qui posit.nu.3.

Quinto quidquid etiam foret de iure, tamen de consuetudine contra maiorẽ annis.14.& minorem. 25. proceditur nullo dato curatore, nisi petatur, vt dicit Pet.Ferar.in prat.Papien.in for.inquisitionis.in vers.contra, &aduersus.nu.2.& ita semper dicit se vidisse obseruari. Boss. in tit. de confess.nu. 69.& Boer.d.decis.63. num.6. in fin. & Iul. Clarus idem attestatur.recep. senten.lib.5.§.fi.q.50.in prin.ergo consuetudo attendenda, vt etiam late dixi supra in alio proposito.

Non obstat modo tex.in.l.clarum.C.de author.præstan. cũ alijs supra in contrarium adductis, quia loquuntur in casu quo minor adesset in iudicio, & vellet respondere, vel aliquem actum facere, & hoc ne in responsione decipiatur, vt dicit tex.in.d.l.clarum.& quando minor citatus foret absens, & nollet comparere, quod debeat ei decerni curator, hoc nõ dicunt illa iura, quia ex quo non comparet nullum actum facit in iudicio, cui curator author

author esse posit, vt supra dixi, & declarat Natta. d. cons. 540. cum duobus sequen. vbi in specie ita respondet ad. d. iura, Et confirmo ego efficacissima ratione, nam certum est quod minor potest simpliciter citari, & talis citatio intelligitur quod compareat legitime, idest cum curatore, vt per Alex. in. l. si ex legati causa. ff. de verb. ob. & ante eum Bal. in. l. fi. C. si propter pub. pensi. & idem dicit in. l. non eo minus. C. de procurat. & Card. in Clem. religiosus. in. 5. q. de procurat. si ergo citatio minoris absque curatore valet, ergo si non comparet omnia acta virtute. d. citationis valebunt, & prædicta tenet Deci. cons. 449. num. 11. & ante eum Maria. in tract. de citatio. artic. 20. q. 19. sub num. 49. 50. & 51.

Et pariter nõ obstat quod obijciebatur per actorẽ in decimotertio cap. quod scilicet ipse tempore quo fuit citatus habebat Ianuæ Com. Hectorem Fliscum curatorem qui debuit citari, Quia primo in facto præsuponitur hoc non constare, neque probatum fuisse, non enim sufficit dicere, sed oportet probare, præsertim ea quæ sunt facti, quia non præsumuntur. l. in bello. §. factæ. de capt. l. 1. C. de probat. l. asseueratio. C. de non. num. pecu. c. cum in iure peritus. de off. delega. Præterea datq quod habuisset, curatorem hoc ignorabatur, Item dato etiam quod notum hoc fuisset, & verum, non debuit citari curator in crimine in quo non potest per procuratorem comparere reus, sed tenetur personæ suæ copiam facere, sed debuit citari ipsemet reus, vt tradunt omnes in locis præallegatis, & præcipue Natta. d. cõs. 540 num. 18. & cons. seq. eo. num. 18. & ita communis pratica obseruat, vt supra deductum fuit, & tradit etiam Maria. in. d. tract. cita. artic, 20. q. 19.

Decimo etiam opponitur principaliter nullitas etiam ex persona citati, quia erat impeditus in negocijs Regis cui inseruiebat, vt notorium erat, ergo cum foret impeditus non potuit durante impedimento contra illum procedi, & cum processum fuerit, nullus est processus, vt est tex. vbi Bar. & ceteri declarant in. l. quesitum. ff. de re iudi. & in. l. 2. §. si quis in iudicio. vbi omnes & Ias. dicit hanc communem ibi. ff. si quis caut. & . l. si cui. §. fi. ff. ex quib. cau. maior. Bar. & Bal. in. l. pen. C. quomodo & quando Iud. & Bar. in l. seruum. §. publice. in fi. ff. de procu. & cano. in. c. 3. per illum tex. de ꝓcur. Et cum hoc foret notorium, quinimo etiam in processu ante inquisitionem probatum ex testibus ex offitio assumptis, non indigebat alia probatione vt in terminis tradit Affli. decis. Neapol. 29. incip. quidam exterus. & decis. 50. incip. Iudices. num. 5.

Ad hæc autem respondetur etiam pluribus modis, Primo quod saltem debuit allegari tale impedimentum, quantumuis foret notorium, & tamen allegatum non fuit, quia licet notorium releuet ab onere probandi, nõ tamen releuat ab onere allegandi, & proponendi saltem. glo. in. c. appellanti. vers. alias causas. de appella. quam dixit singularem, & communiter approbatã, Ias. in. l. 2. ff. si quis in ius voca. nõ ier. & omnes in. c. cordi. in prin. de appell. in 6. & in. c. cum ordinem. vbi Feli. in. 6. col. de rescr. & bona glo. etiam in. l. ea quidem. in 3. glo. C. de accusat.

Secundo

Secundo respondetur, quod ad hoc vt impedimentum excuset, oportet quod sit legitimum & non proueniat ex culpa, & voluntate impediti, vt tradunt omnes in locis in cõtrarium supra adductis, & est glo. in. c. 1. de eta. & qual. vbi etiam scriben. & not. in. c. cum in cunctis. de elect. glo. in. c. licet cano. de elect. in. 6. Gemin. cons. 42. col. 3. in prin. Roma. cons. 9. Pau. in. l. de die. §. tutor. ff. qui satis cogan. l. veteres. in fi. ff. de itin. actuque priua. & bonus tex. in. l. pen. ff. de condi. & demons. cum concor. At qui in casu nostro nulli dubium quod impedimentum hoc, quod inseruiret Gallis contra IMP. prouenit ex eius culpa, qui cũ esset Feudatarius, & subditus CAESARIS, voluit auxilium præstare eius inimicis, vt infra late deducetur, ex quo sequitur quod nemo ex suo delicto meliorem cõditionẽ suam facere potest, vt inquit tex. in l. non fraudantur. §. nemo. ff. de reg. iur. & probatur in. l. si ab hostibus. §. 1. ff. sol. mat. & cum ex hoc facto debuisset etiam pœnam reportare, vt dicetur infra, non potest quis ex eodem facto pœnam, & commodum reportare. l. siue hereditaria. & ibi glo. ff. de nego. gest. nam pœna nunquam immunitatem tribuit. l. relegatorum. §. fi. de inter. & relega. l. si cui. & ibi glo. ff. ex quib. cau. maior. l. ita demum. in princ. ff. de arbi. l. nunquam. ff. de priua. delic. & tex. not. in. l. inficiando. §. infans. ff. de furt. ibi, Quid enim tam ridiculum est, quam meliorem condicionẽ furis esse propter furti continuationem estimare. Quod quidem optime congruit casui nostro, cum ridiculum foret, & absurdum quod Com. Scipio meliorem cõditionem suam fecisset propter cõtinuationem delicti sui Læsæ Ma. in quo perseuerabat inseruiendo inimicis Domini sui. Adde quod etiam si allegasset tale indedimentum, non fuisset audiendus, quia nemo auditur detegẽs turpitudinem suam. c. inter dilectos. de fide instr. c. cum super. de concess. præben. l. transactione finita. C. de transac. l. si creditoribus. C. de seru. cõ. pign. da. l. filios. cum glo. C. de reuo. his quæ in fraud. alie. sunt. & habetur in. l. 2. ff. de condi. ob. cau.

Tertio respondetur, quod debuit Com. Scipio remouere impedimentum petendo licentiam à Rege ex causa tam vrgenti, quæ concernebat vitam, & fortunas omnes ipsius Comi. quam impetrasset vtique, vel saltem docere debebat, quod omnia sibi posibilia fecerit, vt tale impedimentum remoueret, quia qui potest facere vt posit, iam dicitur posse. l. qui potest facere. ff. de reg. iur. & tradit Bal. in. l. sed & si per prætorẽ. §. 1. ff. ex quib. cau. ma. vbi etiam dicit quod non dicitur impeditus, qui potest impedimentum remouere, & idem not. Bal. per illũ tex. in. l. quibus diebus. in prin. ff. de cõdi. & demons. vbi post Iacob. de Are. concludit, quod si impeditus non agit, & procurat vt remoueatur impedimentum, dicitur volens illud pati, & ideo non excusatur, & sequitur Dec. cons. 677. num. 3. & seq. & dicit Bal. in. l. fi. per illum tex. C. de adul. quod allegans impedimẽtum, debet probare quod fecit quidquid potuit, vt remoueret tale impedimentum, & idem dicit Afflict. in decis. Neap. 50.

Quarto etiam respondetur, tale impedimentum non excusare, quia etiam si non

non adfuiſſet tale impedimentum, non tamen comparuiſſet, quia vt ſupra ſæpe dictum fuit, allegabat locum non eſſe tutum Ianuæ, ad quem vocatus erat, & ideo ad hoc vt allegans impedimentum excuſetur, opportet quod probet, quod niſi fuiſſet illud impedimẽtum comparuiſſet. l. qui commeatus. ff. de re mili. & tradit Corn. conſ. 109. col. vlt. & conſ. 219. col. 9. verſ. cõcurrunt etiam in. 2. & conſ. 269. col. 4. verſ. & non ſolũ requiritur. in 3. & conſ. 143. col. 2. & conſ. 277. cir. fi. & conſ. 312. col. 2. in 4.

Quinto reſpondetur etiam, quod ſaltem debuit proteſtari ſe paratum comparere ſtatim quod eſſet liber à ſeruitio Regis, quod tamen non conſtat feciſſe, ergo tale impedimentum de quo proteſtatus non fuit, non excuſat, vt p Bart. & ceteros in. l. 2. §. quod diximus. ff. ſi quis caut. in. l. de pupillo. §. ſi quis ipſi prætori. vbi Iaſ. in. 2. not. ff. de oper. nou. nun. Alex. & Iaſ. in. l. qui in aliena. §. celſus. ff. de acquir. hered. idem Iaſ. in. l. properandum. §. ſin autem vtraque. 2. col. C. de iudi. in. l. ad diem. col. 1. ff. de verb. ob. Deci. in. c. ſi iuſtus metus. col. 2. de appell. & dictum etiam fuit ſupra in alio propoſito, & plura ad hoc adducit. Boer. deciſ. 40. num. 4.

Vndecimo principaliter opponitur etiam contra proceſſum, quod in termino citationis cadentis non fuit accuſata contumacia, ergo non potuit tanquam contumax cõdemnari, iux. not. per Bar. & alios in. l. ſi finita. §. Iulia. in 5. col. de dam. infec. & per Bal. & alios in. l. ſancimus. C. ad trebel. & in. l. generaliter. C. de reb. cred. & in. l. 2. §. ſi actor. ff. de iur. calum. & in. l. 2. §. ſi quis in iudicio. ff. ſi quis caut.

Verum & ad hoc facile reſpondetur, quod contraria procedunt, vel procedere poſſunt quando procederetur per viam accuſationis, ſecus quando proceditur ex officio, & per viam inquiſitionis, prout in caſu noſtro, nam hoc caſu Iudex qui tenet locum accuſatoris ſupplet eius vices, & ideo ſufficit quod de tali contumacia conſtet ex actis, & ita declarat in ſpecie Paul. de Caſt. conſ. 33. inci. ſuper primo queſito videtur facere dubium. in antiquis. col. 2. in fi. verſ. contra prædicta. quod conſilium nõ reperio in nouis. & ita Bart. etiam declarat in. d. §. Iulianus. & Bal. & ceteri in locis præallegatis.

Secundo reſpondetur, quod imo etiam ſi procederetur per viam accuſationis, hodie non obſeruatur quod debeat accuſari contumacia alias proceſſus ſit nullus, ſed ſatis eſt quod ex actis conſtet, vt hoc dicit Boſſ. in tract. malef. ſub tit. de banni nullit. num. 7. in fi. vbi allegat Nellum & alios idem dicentes, & idem etiam affirmat Iul. Cla. lib. 5. recep. ſententia. §. fi. q. 44. verſ. dictum eſt quod ex generali. vbi etiam adducit Imol. in. l. inter accuſatorem. num. 3. de pub. iud. dicentem quod iſta accuſatio contumaciæ hodie de facto non obſeruatur.

Tertio reſpondendo dico, quod imo fuit accuſata contumacia, & admiſſa per Delegatum, nam die 26. Oct. 1551. in actu facto per eundem Delegatum dicuntur hæc verba. Præfatus Iudex Delegatus viſo quod. d. Scipio Fliſcus
„ intra terminum aſsignatum non comparuit, & eſt contumax, & ſic rema-
„ net confeſſus, & conuictus criminis, & delicti de quo in. d. inquiſitione con
„ tra eum

„ tra eum formata prout eum habet,& habere intendit,ideo ordinauit fieri „ præceptum ad audiendam sententiam, per quæ verba clare constat,quod non modo fuit accusata contumacia,quinimo etiam facta declaratio quod foret contumax, & prò contumaci, & confesso haberetur , ergo vlterius non est quærendum,vt in specie etiam declarat hoc Pau. in.d.cons.33.col. 3.& Bar.in.d.§.Iulianus.& Hipol.cons.x.nu.17.& seq.& cons.64.num.14.

Duodecimo opponitur etiam,quod fuit processum contra Com. Scipionem nullo accusante,siue instante ideo processus non tenuit,quia nemo sine accusatore damnatur.l.rescripto.§.si quis accusatorem nō habet. & ibi glo. ff.de muner.& honor.iuxta illud Saluatoris Io. viij. Nemo te accusat neq; ego te condemnabo. Qui etiam Saluator licet sciret Iudā esse furem,nunquam tamen eum condemnauit,quia nemo illū accusauit,& tradit Cepol. cons.crim.23.num.2.& processus etiam redditur nullus,si Iudex procedat ad inquisitionem antequam interroget partem offensam an vellit accusare.vt per glo.in.c.presbiter si à plebe.2.q.4.quam dicit singularem Bal. in l.Senatus.C.qui accu.nō poss.cum cōcor.de quibus per Hip.cōs.130.nū.10.

Respondetur autem etiam ad hoc,quod in facto imo præsuponitur constare quod Hieronimus de Villa legitimus procurator Principis Auria præsentauit rescriptum,&institit pro sententia vt etiam supra dictum fuit.

Præterea respondetur,quod cum Iudex ex off.processerit , & per inquisitionem,quod quidem facere potuit,vt tradunt omnes in.c.qualiter, & quando.de accu.& potest hodie concurrere accusatio,& inquisitio simul,&præsertim in Crim.Læsæ Ma.vt per Gigan.in tract.de Crim. Læsæ Ma.in tit. qualiter in Crim.Læsæ Ma.procedatur.q. 11. & Iul.Clar. recep.senten.§. fi.q.3.vers.hinc infertur.ideo satis est quod Iudex ex officio procedat , qui vbi silet accusator,succedit in locum ipsius accusatoris,vt per omnes in.d. c.qualiter & quando.cum concord.de quibus per Hipol.cons.31. num.9.& cons.48.nu.19.& cōs.49.nu.27.&cōs.50.nu.8.& cōs.63.nu.9.&alibi sæpe.

Tertio decimo contra processum opponitur,quod non fuerunt datæ debitæ dilationes ad probaudum innocentiam suam reo inquisito , tres enim sunt dandæ dilationes reo in causis capitalibus,vt est tex.in.l.fi. vbi glo. Bar.& alij scrib.ff.de feri.& probat tex.in.l.3.§. si ad diem.ff.de re milit.& tradit Ang.in.l.pactum inter heredem.ff.de pac.Bal.in.l.raptores.C.de Epis. & cler.Ang.in tract.malef.vers. qui Iudex statuit terminum. per totum. vbi etiam Aug.in addi.

Sed respondetur,quod præmissa procedunt quando reus comparuisset, & esset præsens,quia tunc ei dantur dilationes ad se defendendum, sed quando reus est absens,& contumax,& de iure communi, & ex forma statutorum habetur pro confesso.c.decernimus.&.c.absens.3.q.9. c.rursus. 9.q.3. l.3. C.de assess.aut.qua in prouincia.vers.quia contumatia eius. C. vbi de cri. agi oport.& tradit Specu.in tit. de accu.§.fi. col.1. ideo cum non comparet non potest dari dilatio,Antequam enim ipsius dictum , quod constitutum vocant,recipiatur nunquam dantur dilationes ad se defendendum,vt tradit

tradit Ang.in tract.malef.in verſ.comparuerunt d.inquiſiti, & in termino defenſionis.in prin.& Hipol.in prat.crim.§.poſtquam.Alias enim ſequeretur abſurdum.quod reus abſens non compareret perſonaliter, ſed faceret defenſiones ſuas contra.l.pen.de pub.iud.& in.l.ſeruum quoque.§. publice.de procur.& vtrobique notant ſcrib. & iſta eſt vera, & clara reſolutio huius oppoſitionis.

Quartodecimo opponitur,quod licet afferatur in iſto proceſſu, & in ſententia,quod Delegatus viderit proceſſum formatum contra Iulium Cibo, tamen vere non fuit viſus,& Iudici afferenti ſe vidiſſe non eſt credendum,vt tenet Bar.in aut.ſi quis in aliquo.num.13.C.de eden.& per Inno.in.c.quoniam contra.in vlt.col.in verſ.proceſſu.num.8.de probat. & in. c. cũ Bertoldus.in.2.col.in verſ.conceſsimus.de re iudi.&in.c.cum in iure.num.4. de off.delega.& idem dicit Bal.in.d.aut.ſi quis in aliquo.nu.8. verſ.ſed ponamus quod Iudex.C.de eden.quem etiam ceteri ibi ſequuntur, & Bar. in l.vlt.verſ.& hoc inducebam ad queſtionem.ff.quando appell.ſit, & tradũt etiam ſcribentes in.l.ſciendum. ff. de verb. oblig.

Sed ad hoc reſpondetur,quod imo in facto præſuponitur contrarium, quod ſcilicet imo proceſſus ille authenticus, ideſt cum ſigno, & ſubſcriptione Notarij fuit è Mediolano Genuã adlatus,&exhibitus Ill.Delegato Suarez, qui proceſſum ipſum tradidit Notario cauſæ,ex quo apparet, qđ cũ adfuerit proceſſus debuit,&-potuit illum videre, & ideo dum Delegatus mãdando examinari teſtes per abſentiam Scipionis,aſſerit ſe velle videre proceſſum Iulij Cibo quem conſtat eum habuiſſe, & dum poſtea in ſententia dicit viſo proceſſu agitato contra Iulium Cibo &c.præſumitur verum dixiſſe, Nam contraria procedunt, quando atteſtaretur Iudex in ſententia ſe vidiſſe citationem,vel litis conteſtationem,quæ ſunt de actis, & non conſtaret in ipſis actis de aſſertis,nam tunc veritas videretur contrariari præſumptioni,quæ ſtabat pro Iudice,& ideo magis attendenda veritas. l. fi.in prin.ff.quod met.cau.l.nuptura.in fi.ff.de iur.do.l. ſi chirographum. &.l. cum de indebito.§.1.de probat.cum ſimil. At quando conſtat per teſtes id quod aſſeritur per Iudicem extitiſſe, iam non ſumus in ſimplici aſſertione Iudicis,ſed ſumus in probatione afficaci per teſtes deducta,& quod ipſe Iudex viderit ea quæ conſtat extitiſſe penes eum, in hoc de viſione ſtandum eſt ſimplici eius aſſertioni, cum ſit veroſimile quod viderit cum id aſſerat bis,attenta maxime qualitate perſonæ aſſerentis .quæ probata eſt ſummæ & dignitatis,& integritatis, & ideo Iudici aſſerenti quid veroſimile credendum,vt in ſpecie tradit Pet.de Anchar.conſ.277.col.vlt.in fi.verſ.non obſtat quod non credi debeat Domino Legato. quod eſt etiam repetitum conſ. 439. Nam & teſti alias non idoneo creditur quando deponit veroſimilia,vt per Ang.conſ.368.col.vlt.verſ.& ſecundum ea quæ vidi. & præcipue,vt dixi,quando talis aſſertio coadiuuatur alijs teſtibus,vel etiam coniecturis,pro ut eſt in caſu noſtro,nam licet,&alias inter perſonas prohibitas (quod plus eſt) non ſtetur aſſertioni earum,attamen ſi cũ ea concurrat

H aliqua

aliqua coniectura, vel alia probatio credendum erit ei, vt voluit Sali.in.l. mater.C.de contrahen.emp.& tradit etiam Ang.conf.341. in pri. dub. & Deci.sequitur conf.96.col.2.vers.non obst.quod talis est, & conf.102. col. 4.vers.non obstat quod talis donatio,& pul.etiam Bal. conf. 66. in pri. & Cuma.conf.31.in pri.dub.& Panor. conf. 73. col.3. in.2. & Soci. conf.65. col.4. vers.vigesimo probatur in primo.& conf.82.col.2. & conf.122.col. 4.in 3.cum multis simil.& concord.quæ adduci possent, At in casu nostro concurrunt testes, & verosimilitudo, ergo.

Secundo respondetur, quod stante quod sententia de qua agimus longo iam tempore fuit publicata,& sic transiuit in rem iudicatam, non potest talis oppositio fieri contra dictam sententiam, nam etiam si non asseruisset se vidisse d. processum Iulij, præsumeretur tamen vidisse omnia necessaria, vt tenet Paul.conf.202.incip.in causa confinium.col.3.in pri.Corn.conf.333. col.4.in pri.& Cepol.conf.cau.ciuil.26. in.2.dub. & conf.63. col.4.vers. vltra etiam prædicta.& Gozad.conf.96.col.vlt.vers.sexto adduco.& Are. conf.36.col.vlt.vers. ad secundum dico breuiter; Multo ergo magis erit idem dicendum, quando Iudex clare,& specifice exprimit se vidisse talia acta,& tales solemnitates quæ interuenerunt, quia si sententia transiuit in rem iudicatam credetur tali assertioni, vt tradit Corn.d.conf.333. & Paul. conf.76.col.2.in 2.& Bal.conf.204.col.2.vers.& hæc vera. in 3.Aret.cõs. 68.col.3.vers.præterea posito.& per Crau.conf.108. num.2. vbi vtrunque comprobat licet plura ex prædictis per me adductis non alleget, Addo quod prædicta conclusio quod Iudici asserenti se vidisse d. processum credendum sit, eo maxime procedit in casu nostro, in quo talis assertio non est de solemnitate requisita in sententia, puta citationis, libelli, & aliarum similium, sed est quo ad acta probatoria, quo casu facilius præsumitur pro Iudice,& pro sententia circa assertionem actorum, & probationum quam circa interuentum solemnitatum.vt tradit Bal. conf.492.col.2. in fi.vers. modo restat respondere.in 3.& Soci.conf.158.col.3.in fi. vers. sed ego etiã respondeo clarius.in 2.Deci.in.c.super eo.col.1. in fi.vers.quartus, & vltimus casus est.de appell.& in.c.consuluit.il primo.ante fi.eo. tit. non enim videtur verosimile quod quis condemnauerit aliquẽ, præsertim de tam graui crimine, absque probationibus,& not.etiam Bal.in.c. præsentia. col. fi. de renun.& in specie circa acta probatoria hoc etiam firmat Alex.cõs.105. in prin.pri.vol. Accedat quod talis assertio de visione processus facta fuit de actu, qui potuit interuenire tempore etiam quo protulit sententiam, quia potuit videre tunc, cum scripsit sententiã, processum Iulij, & in eam deuenire sententiam quam protulit, Quo casu facilius creditur assertioni de actu, qui potuit interuenire tempore sententiæ, quam de actu, qui non potuit, vt pul.declarat Paul.conf.428.col.2. in prin.& conf.38.in 2. Alex. conf.179.col.3.vers.item in quantum in priore consilio.in 7. Bal. cõs.376. in pri. Aret.conf.33.vers.his ita præmissis.Soci.conf.29. col.6.in pri. Cur. Iun.conf.29.col.5. in fi.

Tertio

Tertio respondeo, quod cum probatum sit Co. Scipionem notitiam habuisse de tali sententia, & nunquam appellauerit, neque reclamauerit nisi hoc vltimo tempore transacto, scilicet nedum biẽnio, sed etiam transactis sex annis & vltra, ergo omnia solemniter præsumuntur per Iudicẽ acta, & omnia per eum asserta vera esse, etiam si absens, & in eius contumaciam etiã fictã fuerit cõdemnatus, perinde ac si contra præsentem fuisset lata, hoc tenuit Bar. consulendo in cons. 98. incip. apparet sententia. col. 2. num. 2. cir. fi. in vers. & idem intelligo quando parte absente, & sciente. idem tenet Imol. in l. 4. §. condemnatum. de re iud. idem consuluit Calcan. cons. 76. col. 7. & cons. 80. col. 4. in fi. & Gozad. cõs. 96. col. fi. vers. septimo adduco. & est sub num. 16. Quæ eo maxime etiam procedunt cum longum tempus post sententiam, & notitiam eius elapsum sit, nam longum tempus in hac materia, & antiquum dicitur biennium, vt tenet Io. Andr. in c. cleri. de vita. & honest. cleri. in glo. in vers. breuiori. & Hostiens. in. c. in præsentia. de renun. sequitur Afflic. in constit. Regni. vniuersos. in 4. not. & Bertrand. d. cons. 332. num. 2. & seq. in 3. in impresis anno. 1532. multo ergo magis lapsis sex, & decem annis, & vltra, vt fuit in casu nostro, & tradit etiam Gram. decis. 24. num. 9.

Quintodecimo opponitur, quod sententia non fuit lata in die, & hora citationis factæ ad audiendam sententiam. Nam fuit citatus Com. Scipio die 26. Oct. 1551. vt compareret ad audiendam sentẽtiam die quinquagesima post citationem affixam, à quo die cõputando dies quinquaginta, cecidisset terminus in diem. 16. Decembris si fuisset iuridica, & tamen sententia fuit promulgata die 28. Ianuarij subsequentis, & sic per dies 43. post terminum, ergo sententia nulla, vt tradit Bar. per illum tex. in. l. vlt. §. si is qui. ff. quod vi aut clam. in. l. aut qui aliter. in prin. vbi etiam Bar. eo. tit. & per Cano. in c. consuluit. de off. deleg. & in. c. si à Iudice. vbi Io. Andr. super vers. in termino. de app. in 6. & per Fel. in. c. 1. nu. 34. de iud. & Alex. cõs. 213. nu. 8. in 2.

Verum ad hoc obiectum respondetur, Primo quod potuit Iudex prorogare, & diferre prolationem sententiæ, quod cum fecerit expectando citatum vltra terminum, præsumitur id fecisse ex vrbanitate sua, quæ ideo non reddit sententiam nullam, vt in terminis tradit Bal. in. l. & post edictũ. in prin. in prima lectur. ff. de iudi. & in. c. consuluit. nu. 9. de off. deleg. vbi Fel. Dec. & alij, & Imol. in. l. de vno quoque. ff. de re iud. vbi tenet quod etiam sine expressa prorogatione Iudicis potest reum expectare, & in aliam diem proferre sententiam, maxime non reclamante actore, vel accusatore, & est ratio quia citatus non potest conqueri, quia in eius fauorem distulit Iudex prolationem sententiæ, arg. l. cum in fundo. ff. de iur. dot. & cum non comparuerit, neque die quo cadebat terminus, neque diebus sequentibus videtur fuisse in maiori, & minus excusabili mora, & contumacia, arg. c. cum dilecti. de dolo. & contu. & l. Iulianus. §. fi. ff. quib. ex cau. in possess. ea. & si potuit proferri sententia in die quo cadebat terminus propter citati contumaciam non comparẽtis, multo magis potuit proferri diebus sequentibus, cum eadem, vel maior potius ratio videatur, vt considerat Deci. in d. c. consuluit. in 3. not. & eo magis creuit contumacia, quo pluribus diebus est expectatus, arg. l. celsus. ff. de arb. & ideo verior est opinio quod Iudex si per plures dies post diem peremptorium expectauit citatum, poterit ad libitũ proferre sententiam in eius contumaciam, etiam sine noua citatione, vt tenuit Host. in d. c. cum dilecti. de dolo. & contu. & Bal. in d. c. consuluit. & Paul. de Cast. in l. si finita. §. Iulianus. ff. de dam. infec. quam opin. sequitur & defendit Dec. in d. c. consuluit. num. 13. vsque in fin.

Secundo respondetur quod cum in die peremptoria, idest quo cadebat terminus verum sit, quod neque ipse Com. Scipio, neque alius ipsius nomine cõparuerit, sequitur quod licet die peremptoria prolata fuisset sententia, fuisset tamen contumax, ergo cum nil referat quo ad eius cõtumaciam, an eo die, vel alio prolata fuerit sentẽtia, quia quinimo semper fuisset cõtumax, sequitur quod ista prorogatio debeat potius nocere, quam prodesse ipsi Com. Scipioni. arg. eorum quæ supra deduxi in alio proposito, in sexta responsione ad quartam oppositionem factã contra edictum, & citationẽ, vbi ex mente Roma. & aliorum conclusum fuit, quod licet quis debet extraiudicialiter interpellari ad soluendum, vt constituatur in mora, tamen si citatus in iudicio recusat soluere, illa exceptio quod non fuit interpellatus nõ releuabit, quia lex præsumit, quod sicut in iudicio recusat soluere, ita & extraiudicialiter interpellatus recusasset, sic ergo dicendum in proposito, quod cum etiam per mensem expectatus, post terminum præfixum ad audiendam sententiam nunquam comparuit, multo minus comparuisset, pro vt vere non comparuit in ipso termino, ideo ista exceptio tanquam calumniosa reijcienda. Nam mora quo longior est, eo magis nocere, non prodesse debet, alias enim ex mora sua longiori Com. Scipio, fructum, & emolumentum fuisset consequutus cõtra. l. si duo. ff. si quis cau. & l. 2. §. Senatus. ff. de iure fisci. & l. ita demum. in fin. prin. ff. de arb. & l. transactione. C. de transac. & ita reperio quod in terminis huic oppositioni respondet Castr. cons. 254. in 2. in vlt. verbis.

Tertio respondeo, quod Com. Scipio non tantum fuit citatus pro die quinquagesima post affixum edictum, sed etiã pro singulis diebus, & horis post donec publicaretur sententia, vt apparet in ipso edicto, Quæquidem citatio valuit, vt per Bar. in extrauag. ad reprimen. in vers. per edictum. & per Bal. in l. item illa. ff. de const. pecu. & in l. si quando. C. de testi. & per Imol. & alios in l. qui ante calendas. in fi. ff. de verb. obli. & licet aliqui tenuerint quod à tali citatione possit appellari, vt per Imol. in c. consuluit. de off. de leg. & in l. ex consensu. §. fi. de appella. & in l. de vno quoque. §. 1. ff. de re iud. & per Pet. de Anchar. in Clem. 1. de foro compe. & per Abb. & alios in c. fin. de dilat. & in specie in materia criminali tradit Ang. in tract. malef. in vers. qui Iudex monuit, vbi etiam Aug. in addi. attamen multi tenuerũt etiam quod non possit appellari, vt ibi per Ang. attamen certum est, quod in casu nostro nulla fuit interposita appellatio à d. citatione facta pro singulis

gulis diebus,& horis,ergo valuit,neq; nũc pōt ex hoc capite nullitas opp. Quarto respondetur,quod cũ fuerit primo citatus generaliter ad se excusandum ab inquisitione contra eum formata, & fuerit semper contumax,potuit etiam sine alia citatione deueniri ad prolationem sententiæ,saltem ex communi consuetudine Italiæ,quod tenet Bar. in extrauag. ad reprimen. in vers.super.d.crimine.& probatur in.l.consentaneum.C.quomo.&quando Iud.& Io.andr.in addi.ad Specu.in tit.de citatione. §. viso. vers. in illo verbo.& in tit.de senten.§.1.vers.quid de istis.& sequitur Pau.de Cast.cõs. 254.num.2.ante vers.sed vltra hoc.vbi dicit quod videmus hoc vbique seruari per Italiam in sententijs,quæ feruntur in causis criminalibus cõtra citatos ad se excusandum,qui nunquam comparuerunt, nam virtute.d.contumaciæ proferuntur sententiæ contra eos,etiam nulla alia præcedente citatione ad audiendam sententiam,&ibi adducit etiam Cano.in.c.cõsuluit. de off.deleg.& Io.Andr.in.c.eum qui.cir.fi.de dolo. & contu.in.6.& idem videtur tenere Bar.in.l.statuliberos.vbi Alex.in addi. §. sticus annua.ff.de sta.lib.& Abb.in.c.fi.col.3.de dilat.ergo si potuit omitti,multomagis valebit sententia si non fuit omissa,quia licet citatio inualida vitiet processum, vt per glo.not.in.l.si accusatoribus.in glo.fi. C.de accu. sequitur Bal.in.l. cum fratrem.in vlt.col.C.de his quib.vt indign.& in aut.si omnes. C. si vt se ab hered.abst.in vlt.col.& in.l.testamenta.in 3. col. C. de testam. tamen fallit in casibus in quibus non est necessaria citatio , nam tali casu si citatio minus legitima interueniat, nõ ideo vitiabitur actus, vt probatur ex dictis per glo.in.l.vinum.in fi.ff.si cer. pet.in glos.magna.in fi.&glo.in.§.multis. in vers.transitu.inst.de libert.qnam pro singulari adducit Bal.in.l.consentaneum.in.4.col.C.quomodo & quando Iud. & in specie de citatione inualida,non necessaria quod non vitiet processum consuluit Roma.cons. 497.num.5.in fi.cum concor.vt per Feli.in.c.cum ordinem.col.3.de resc. & Marsil.in terminis citationis in.l.de vno quoque.num.42.ff.de re iud.& in.l.vnius.§.custodiæ.qui est vltimus.ff.de quest.num.4.cum plur.sequen.

Decimo sexto opponitur,quod hæc sententia non potuit ferri contra absentem,præsertim cum non constet de delicto de quo imputatur, Quod enim absens condemnari non possit clarum est de iure,vt per Bal.in.l.quamuis. la.1.num.1.C.de adul.& per Bal.Sali.& alios.in.l.absentem.C.de pen.& p Cano.post Abb.in.c.veritatis.post num.20.& 27.de dolo.& contu.cũ concord.vt per Boss.in tract.crim.sub tit.de requir.reis.num.1.& per Iul.Cla. in lib.5.recep.sententiar.q.44.in prin.& præsertim,vt dictum est,quando de crimine non constat,cum imo etiam contra præsentem procedi nõ possit,nisi prius de crimine constet.l.1.§.illud autẽ.vbi Bar.ff. ad silla.idẽ Bar. in.l.fi. in.1.col.ff.de quest.& in.l.1.ff.de testa. mil.& in.l. si quis ne questio. vbi late Hip.de questioni.& idem Hip.in prat.crim.in prin. num.5.cũ multis seq.& not.in.l.1.de requir.reis.nam contra cõtumacem solum annotantur bona eius,& annotatio sibi intimanda fuit , & per annum expectandus vt ea recuperet,ipse tamen licet intra annum non recuperet , quo ad eius perso-

personam auditur perpetuo,vt tradit Gand.in tract. malef. sub rubr. quid sit agendum reo absente,& contumace.

Verum ad hoc respondetur,& primo quo ad absentiam,quod in Crimi. Læsæ Ma.absens damnatur,vt per Ang.in.d.l.absentem.& tradit Socin. in.c. veniens.in 15.q.de accu.Afflict.in.d.tit.quæ sint regalia.d.vers.bona committentium.num.45.Boss.in tract.crim.sub tit. de requir.reis.nu.1. cir.fi. in vers.fallit in casu.Capic.decis.14.num.3.& tradit Valla. in. d. cons.68. facto pro Com.Scipione.num.11. & seq.in 2. Neque huic responsioni ipse ibi aliter replicat.saluo quod sub num.37. dicit quod hæc quæ dixi procedunt,quando contra absentem rite,&recte processum est,secus si nulliter, vt ibi præsuponit in hoc casu processum fuisse,in quo dicit nullam præcessisse citationem legitimam , & non fuisse seruata de iure seruanda , neque aliud ad hæc dicit , At cum supra difuse fuerit demonstratum citationem fuisse legitimam, & semper seruata fuisse de iure seruanda,fit consequens necessarium,quod responsio prædicta optime de iure militet,quod scilicet in hoc crimine absens potuerit damnari Com. Scipio.

Secundo respondeo,quod quidquid foret de iure alias , hodie de consuetudine non obseruatur talis annotatio bonorum, neque auditur reus si contumax fuit bannitus,& condemnatus,& confiscata bona diffinitiue,vt tradit Iaco.de Belu.in tit.de pace tenen. in prin. vers. & nota hic. vbi etiam Bal. num.14.&idem dicit Gand.in tract.malef.sub tit.quid sit agendum reo absente.num.3.& ita dicit obseruari per totã Italiam. sequitur Aug. de Ari. in addi.ad Ang.de malef.in vers.qui Dominus Iudex videns.nu.8.& sequitur etiam Blanç.in prat.crim.fol.9.num.8.& Iul.Clar.lib.5. recep.senten. §.fi.q.44. vers. sed hodie.& in vers. licet autem.vbi etiam adducit ad hoc Alberic.idem dicentem in.l.seruum quoque.§.publice. num.23. in fi.ff. de procur.& in.l.pen.§.ad crimen.num.23.in fi.de pub.iud.& in.q.1.in 4.parte statu.& Bonif.de Vital.in prat.crim.sub tit.de compar. accusat.nu.70. & seq. & dicit Iul.Clar.in dicto vers.licet autem. quod hoc est notissimum omnibus criminalistis.

Tertio respondeo ad id quod dicit opportuisse quod constaret de delicto, saltem vt Com. Scipio posset absens damnari, sed non constat quod ipse fuerit cõscius rebellionis Iulij Cibo,ergo . Quod potest probabiliter dici illud etiam hodie nõ seruari de facto,vt videtur tenere Io.And.in addi.ad Spec. in tit.de accu.§.fi.vers. sed pone A. fuit accusatus. post Guid. de Suza.vt refert Boer.decis.259.nu.3. quando scilicet adest confessio principalis rei, prout adest in casu nostro cõfessio Iulij Cibo,in qua confessione perseuerauit vsque ad mortem , quam per condemnationem ex.d.confessione factam contra eum sustinuit , & præsertim in præsenti casu Criminis Læsæ Ma.& tractatus contra CAESAREM, qui effectum non habuit , nam cum hæc crimina secreto soleant fieri, nõ potest ita clare constare de delicto,sicut cõstare posset de homine occiso , vt dicit Ias.de assasinis , & piratis in.l. iusiurandum.§.procurator,nu.23.ff.de iur.iur.constitit.ergo vere de de-

de delicto Læsæ Ma. commisso per Iulium Cibo,qui pro complice allegauit Com. Scipionem,& si quis diceret cōstabat de delicto Iulij, non tamen sequitur quod constaret de delicto Com. Scipionis, respondetur hoc esse merum cauillum,nam scribentes qui requirunt quod constet de delicto,nō dicunt quod cōstet delictum esse commissum à tali,potius quam à tali, sed quod constet delictum perpetratum licet non constet clare à quo,& exemplum ponunt in eo qui confitetur hominem occidisse, quia oportet quod constet hominem illum non esse inhumanis, & quod eius cadauer reperiatur,similiter si quis confitetur commisisse furtum,oportet quod constet vere furtum factum fuisse,licet ignoraretur à quo, sed quando constat de delicto,& de authore delicti qui illud fatetur,& tractatur de cōplicibus, nullus hoc audet dicere,quod oportet quod constet de delicto à complicibus commisso,præsertim quando est de ijs delictis, quæ videri non possunt, sed occulto fiunt,constat ergo in casu nostro de delicto Læsæ Maiest. contra CAESAREM cōmisso per Iulium Cibo, & constat ex multis testibus, & alijs probationibus deductis in processu contra Iulium formato,& denique ex eius confessione in qua perseuerauit vsque ad mortem, An autem Com. Scipio per eum nominatus pro complici fuerit vere socius d.criminis,hoc non pertinet ad illud quod constare debeat de crimine, sed ad hoc an fuerit particeps eius criminis de quo iam constat per d. processum, & confessionem Iulij.

Quarto respondetur,quod imo ex multis etiã de quibus infra probatum est, & constat Com. Scipionem complicem, & participem criminis fuisse cum d.Iulio Cibo,vt ex infradicendis apparebit,ergo frustratoria est ista oppositio,maxime stantibus etiam prædictis responsionibus.

Decimo septimo opponitur,quod d.sententia, & eius effectus sopitus est per capitula pacis inita inter Regem Philippum,&Regem Gallorum,per quæ omnes qui sequuti sunt partes vtriusque respectiue sunt restituti, etiam si rebelles iudicati fuissent, vt patet in ipsis capitulis, quinimo in specie & ipse Com.Scipio,quia de eo specialis mentio facta est in ipsis capitulis, potuerunt enim isti Reges remittere iniurias suas, & restituere bona rebellium,etiam cum præiuditio aliorum, quibus bona concessa forte fuissent, ex causa pacis publicæ ineundæ,vel conseruandæ,vt tradit Ang. in.l. conuentionum.in fi.ff.de pac.cum multis concor.de quibus per Dec. cons.520 num.5.& seq.& facta pace omnia in integrum restituūtur quo ad rebelles, pax enim non habet vim indulgentiæ, sed restitutionis in integrum & ideo omnia bona rebellium,etiam alijs concessa sunt reddenda suis Dominis antiquis,vt per Bal.in extrau.de pace constan.in vers.priuilegia.& per Aret. in.l.gallus.§.& quid si tantum.ff.de lib.& posthu.&per Soc.cons.58.col.2. vers.adhuc dici potest.in 3.& per Boe.deci.38.nu.7.&Gram. cōs.13.nu.39.

Respondetur autem adhoc,quod nil obstant d.capitula, quia ipsa capitula restringunt se ad rebelliones, & delicta commissa post ceptum bellum inter d.Reges,super quo facta fuit pax,sed istud crimen Com. Scipionis de quo nunc

nunc agimus fuit factum,& commissum longe ante ipsum bellum,ergo capitula pacis ad istud extendi non possunt,quia limitata causa limitatũ producit effectum.l.in agris.ff.de acquir.rer.dom.& dispositio permittẽs quid in tempore,prohibere intelligitur extra illud tempus.l.cum lex.ff.de legi. l.cum prætor.ff.de iudi.l.statu liberorum.§.stichum.ff.de lega. 2. l.Imperator.ff.de postul.cum simil.

Secundo respondetur,quod capitula concernunt eos, qui tempore quo delicta commisserunt,erant ad seruitia Regis, sed non constat quod tempore perpetrati huius delicti Com.Scipio fuerit ad seruitia Regis,ergo.nam qui dicit se talem,& ex qualitate requisita in dispositione se in ea comprehendi, debet ante omnia illud probare, vt per Bart. in.l.1. §. ait prætor. ff. ne quid in flum.pub.& per Io.Andr.in.c.1.de homici.in 6.& qualitates requisitæ debent probari interuenisse tempore de quo loquitur dispositio, vt tradit Bar.in.l.titius.ff.de testa.mil.cum concord.vt per Cuma.cons.146.col. 2.& Soc.cons.19.num.3.& cons.81.num.12.in 3. & per Dec. cons.24.nu.2. & cons.222.num.2.& cons.261.num.2.& cons.356.num. 4.Qui enim prætendit beneficium alicuius dispositionis,debet probare qualitates in ea contentas,vt dicit Bar.in.l.1.ff.de condi. ex lege.& Bal. in.l. si quis non dicam rapere.de Episc.& cler.cum concor.de quibus per Soci. cons.27. num.14. & cons.65.num. 4.& cons.164.num.15.in 4.

Tertio respondetur,quod capitula illa fuerunt facta,& celebrata inter Regẽ Hispaniæ,& Regem Gallorum,& per consequens remissæ tantum illæ iniuriæ,quæ concernebant eorum personam,&eorum Regna,sed Com.Scipio non fuit condemnatus,ex eo,quod Crimen Læsæ Ma. commisserit in alterum ex d.Regibus,sed quia commisit crimen,& felloniam in IMPER. & sic in CAROLVM V. non tanquam Regem Hispaniæ, sed tanquã IMPERATOREM, qui erat Dominus feudorum,& ideo nõ possunt extendi ad iniurias factas IMPERATORI, sed tantum Philippo Regi Catholico, qui non est IMPER. capitula enim pacis inter Principes facta habent vim legis.vt per Bar.in.l.Cæsar.ff.de public. & per Cyn. in.l. pen.C.de dona.inter vir.& vxor.quæ lex non potest extendi extra limites territorij eius qui legem condit.l.fi.ff.de iur.omni.iud.vbi omnes not.&in l.1.ff.de legi.cum simil. Non potuit ergo Philippus Rex Hispaniæ remittere iniurias factas IMPERATORI, qui erat maior ipso, & in quem nullam poterat habere iurisdictionem, & ita reperio esse de mente Bal. in tit.de pace constan.in vers. sententiæ quoque.

Decimo octauo quatenus oppositiones suprascriptæ non redderent sententiam nullam,dicunt interuenientes pro Co. Scipione, quod debet restitui in integrum aduersus d. Sententiam, quia tempore quo contra ipsum fuit lata erat minor,ideo restituendus.l.cum & minoribus.& toto tit. C. si aduer.rem iud.c.scisitata.de in integ.rest.c.1.de rest.in integ.in 6.Quæ restitutio concedi debet etiam contra sententiam Principis,vt in.l. minor autẽ magistratus.in prin.ff.de minor.c.cum ex literis. vbi Abb. de in integ.rest.

Quinimo

Quinimo & aduersus propriam confessionem conceditur minori restitutio, vt per Ange. in .l. certum. §. in pupillo. ff. de confess. per tex. cum glo. in.c. 2. de in integ. rest. in 6. sequitur Alexan. cons. 115. in 3. & in.l. si is qui temporali. §. si minor. vbi etiam Ias. ff. de iur. iur. & Bologn. cons. 36. in 2. col. & Gram. cons. 60. nu. 11. Item dato quod non fuisset minor, restituendus, videtur tanquam maior, ex clausula generali si qua mihi iusta causa extiterit. l. 1. in fi. ff. ex quib. cau. maior. Bar. & omnes in.l. cum filius. §. in hac. ff. de verb. ob. & in.l. qui duos. col. 2. de reb. dub. & in.l. Iulianus. ff. ex quib. cau. maior. & in.l. 1. §. si quis autem. ff. de iti. actuque priua. & Corn. cons. 168. col. 6. vers. cum ergo. in 3. & Aret. cons. 15. in fi. & alibi sæpe, vbi quod propter absentiam potest maior in integrum restitui aduersus sententiam, & per Afflict. decis. Neapol. 37. col. 2. & decis. 319. & Paris. cons. 100. nu. 74. in pri. Restitutio enim in integrum fauorabilis est, ideo remoto generaliter omni remedio, non censetur remotum remedium restitutionis in integrum, vt est de mente glo. not. in.l. postquam liti. in glo. fi. vbi Ias. & alij. C. de pac. & glo. in.c. coram felicis. de in integ. rest. quam sequitur Aret. cons. 160. col. 2. vers. confirmatur responsio sua. & 299. col. pen. in fi. in 2. & Bal. etiam cons. 236. in pri. Et quatenus etiam essemus in aliquo dubio, ea tenenda foret interpræratio, vt esset locus restitutioni, ex quo restitutio nititur equitate. l. denique. & .l. nec vtilem. ff. ex quib. cau. maior.

His tamen & similibus, quæ adduci possent pluribus modis respondetur, Primo quia in libello producto per Com. Scipionem non video petitam restitutionem in integrum, quinimo egit rei vendicatione, ergo de restitutione in integrum agi non potest, cum petita non sit, iux. not. in.l. 4. §. hoc autem iudicium. ff. de dam. infec. & in.l. vt fundus. ff. communi diui. & p glo. in rub. ff. de in integ. rest. & per Bar. in.l. plane. in fi. ff. de pet. here. & in.l. 1. §. & parui. in vers. item aduerte. ff. quod vi. aut clam. & per Imol. cons. 136. in fi. & in restitutione aduersus sententiam capitalem tradit Hipol. in prat. crim. in. §. opportune. num. 52. & in rep. l. 1. num. 160. C. de rap. virg. & per Andr. Sicul. cons. 37. col. 3. in pri. & per Dec. in.c. ex parte. il secundo. col. vlt. de off. deleg.

Secundo respondeo, quod talis restitutio non fuit petita etiam post libellum per procuratorem habentem legitimum mandatum, quia, ad hoc vt restitutio fieri possit per procuratorem, requiritur speciale mandatum ad petendum restitutionem aduersus talem actum, neque sufficit generale. l. illud. §. 1. & in.l. patri. §. 1. ff. de minor. tradit Alex. in.l. more. num. 6. ff. de iur. omni. iud. vel saltem speciale ad petendum restitutionem in integrum in genere, vt per Ias. in.l. 1. num. 13. ff. si quis ius. dicen. non obtemp. sed non constat de tali mandato speciali, ergo.

Tertio respondeo, quod imo si etiam voluisset constituere Com. Scipio specialem procuratorem ad petendam in integrum restitutionem, non potuisset, cum sententia, aduersus quam petita est restitutio, sit capitalis, nam restitutionis causa retinet naturam primæ causæ, ideo antequã proferreretur sententia,non potuisset Com.Scipio per procuratorem comparere,& facere defensiones suas,sed personaliter comparere debuisset.l.seruũ quoque.§.publice.ff.de procur.l.pen.§.ad crimen.ff.de pub.iud.Ita in petitione restitutionis aduersus ipsam sententiam capitalem non potest interuenire procurator,sed tenetur petens personaliter comparere, quando scilicet petitur in integrum restitutio per viam iustitiæ, puta quia minor, vel maior iustam habens causam,vt in casu nostro, secus quando simpliciter p viam gratiæ peteretur.Aureum est dictum Baldi.in.l.1.§.pen.in vltimis verbis.ff.de postul.quem sequitur Aret.in.c.veniens.in 22.col.de accu.& vtrosque pro singulari adducit Hipol.sing.221.incip. restitutio in integrũ. & verissima est decisio,quia alias sequeretur, quod quilibet posset eludere sententias criminales petẽdo per procuratorem restitutionem in integrũ, & per eundem faciendo defensiones suas,quod esset contra d.iura,& adde etiam rationem,quia restitutio non plus iuris tribuit,quam ante sententiã habebat aduersus quam vult restitui,vt per glo. Bar. & alios in.l.qui proprio.ff.de procur.& tradit idem Bar.in.l.si quidem.C.de præd.min.& in.l.quod tempore.col.1.C.de test.mil.& in.l.vlt.col.3.vers.venio ad vltimũ. C.de senten.pass.Bal.in repet.l.emilius.col.9.vers.nunc ad propositum.ff. de minor.Paul.cõs.248.paulo ante fi.in 2.& optime probat tex.in.l.quod si minor.§.restitutio.ff.de minor.& in.l.1.C.si aduer.transac.& in.l.sed & si per prætorem.§.si feriæ.ff.ex quib.cau.maior.sed ante sententiam non poterat comparere per procuratorem, vt dictum est,ergo neque nunc.

Quarto respondeo,quod cum deducta fuerit per Com.Scipionem nullitas d. sententiæ,imo cum susceperit onus probandi nullitatẽ sententiæ per multa capitula,quæ singula supra fuerunt excussa, non potuit petere restitutionem in integrum,antequam super nullitate iudicetur,quia frustratoria foret restitutio,si nulla esset sententia, vt est tex.clarus in.l.non est. C. de præd.minor.& in.l.si quidem.eo.tit.& in.l.si curatorem.vbi Pau.& alij.C. de in inte.rest.minor.& Paris.cons.100.num.36.in pri.Et facit præter eum ratio,quia restitutio in integrum est remedium extraordinarium, & ideo vbi competit ordinarium,puta nullitatis, vt in casu nostro, cessat hoc extraordinarium restitutionis,vt tradit glo.& Bar. in.l.1.C.si aduer.fisc.& Bart.in.l.in prouinciali.ff.de oper.nou.nun.& Corn.cons.72.col.3.ad fi. in 3.& Corn.cons.7.num.2.&cons.151.num.6.qui in terminis loquuntur. de restit.in integrum.& ideo tale remedium restitutionis, tanquam extra ordinarium non habetur in consideratione,vt est tex.in.l.4.§.2.de fideicom.liber.& in.l.sed & si sine.§.quod papin.ff. de minor.& Paris.cons.30. num.40.in 4.

Quinto respondetur, quod cum per interloquutoriam CAESARIS fuerit Com.Scipio admissus ad probandum tantum de nullitate sententiæ, & de eius innocentia,non potest considerari restitutio, quia illa non potest considerari,neque dari nisi per remedium extraordinarium,vt dictum est, Ergo concedendo CAESAR remedium ordinarium videtur excludere extra-

extraordinarium,cũ vnius inclusio sit alterius exclusio, maxime in incompatibilibus.l.cum prætor.de iudi.l.cum lex.de legi.l.maritus.C.de procu. c.non ne bene dicimus.de præsump.cum concor.& præsertim cum dato, vel concesso remedio ordinario, cesset extraordinarium tanquam incompatibile,vt probatur in.l.in causæ.de minor.in.l. argentarius.§.2.ff. de eden.in.l.quædam.in prin.eo.tit.l. cum sit.in prin.ff.de Carb. edict.l.1.in fi. ff.ad munci. cum concord.

Sexto respondetur,quod præsupposito etiam,non tamen concesso,quodpetita fuisset à principio restitutio,& quod super ea foret iudicandum,nõ sufficit ad obtinendam restitutionem probare,quod esset minor tempore sententiæ,nam in pluribus casibus etiam minor non restituitur, vt habetur in l.2.ff.ne de sta.defunc.& in.l.si magister.C.eo.tit.& in.l.auxiliũ.ff.de min. & in.l.quæcunque.C.de iur. hast.fisca.lib.x.& in alijs pluribus casibus, vt infra deducam,sed opportet constare, & quidem euidenter, & clare quod fuerit læsus,quia in læsione consistit restitutionis fundamentum. l.nam & postea.§.si minor.ff.de iur.iur.l.verum.§. sciendum.vbi Bar.ff. de minor. & idem Bar.in.l.fi.C.de inte.rest.Abb.consf.77.col.3.in.2. Io. de Ana.cõs. 48.& notant omnes Cano.in.c.1.de rest.in integ.vbi Abb.in.2.notab.dicit quod duo requiruntur ad hoc vt restitutio impetrari possit , Primo quod probetur læsio,Secundo quod talis probatio sit manifesta, & euidens,vt ẽt tenet Dec.cons.474.num.12.& cons.564.num.18.& Guid. Pap. q. 141. & Crau.cons.178.nu.8.sed in casu præsenti nulla probatur læsio, quia omnia rite facta sunt à Delegato CAESARIS,vt dictum fuit,ergo.

Septimo ad hoc vt detur restitutio in integrum,nõ sufficit etiam probare læsionem,sed oportet etiam probare quod minor ex sui facilitate,& imbecilitate fuerit circũuentus , deceptus,& læsus,vt probatur in.l.verum.§.sciendum.& ibi Bar.ff.de minor.& in.d.l.nam & postea.§. si minor. ff. de iur. iur.&ideo dicit Bar.in.l.fi.C.de in inte.rest.min.quod petens restitutionẽ debet narrare quod sit minor,& quod fuit lęsus sui facilitate , & non sufficit dicere quod fuit minor , & læsus , quia hoc non concluderet,vt dicit ẽt Bar.in.d.§.sciendum.& sequitur Dec.in.l.nihil consensui. §. non capitur. num.2.&.3.ff.de regu.iur.& Alex.& Ias.in.d.§.si minor. Sed Com. Scipio non allegauit , & minus probauit quod sui facilitate fuerit læsus , quinimo contrarium aparet,quia imo dolose,& ex sua propria malitia se absentauit,& transfugit ad partes Gallorum CAESARIS inimicas,& illis inseruiuit,& plura contra CAESAREM commisit vt probatum est,&infra dicetur,ergo verum nõ est,quod fuerit læsus ex sui facilitate. Accedat etiam quod quando agitur de retractatione sententiæ per viam restitutionis in integrum,probationes debent esse luce ipsa clariores pro eo qui restitutionem petit,vt habetur in.l.fi.in vers.luce clarior. vbi Bal. C.si min. se maior.dixe.& tradit Soci.cons.194.col.pen.vers.sed ad ambo fundamẽta.in.2.sed in præsenti casu neque inditia,aut cõiecturæ apparent innocentiæ pro Comite Scipione,ergo nõ consideranda restitutio , neque eius iuramento in hoc standum,quia non plenam facit probationem , vt habetur in.l.admonendi.de iur.iur.ideo dicebat Ias.in.§.rursus. inst. de act. nu.75. vers.& per ista apparet opportere cautum esse libellantem. quod libellans in petenda restitutione diligenter debeat explicare causas propter quas petit restitutionem , vt eas postea probet.

Octauo dico,quod non debet restitui Com.Scipio aduersus hanc sententiam, quæ tribuit ius Reipub. Ianuensi quia Respub. Ciuitatum maxime earum quæ sunt liberæ,vt est ia uensis Respu.in materia restitutionis æque sunt priuilegiatæ sicut minor,vt est tex.& ibi glo.& omnes in.l.Respu.C.quib. ex cau.maior.& habetur in.l.Rempublicam.& toto tit.C. de iure reipub. lib.11.sed quando priuilegiatus in restitutione petit restitutionem contra æque priuilegiatum non auditur.l.verum.§.fi.&.l.si minor.25.ann.filio.ff. de minor.& est ratio , quia priuilegiatus contra æque priuilegiatum non vtitur priuilegio suo,vt omnes not.in aut. quas actiones. C. de sacrosanc. eccl.&.l.sed milites.in prin.ff.de excu.tut.& in.d.§.fi.l.verum.& Cano.in c.ad aures.de prescr.& per Feli.in.c.in præsentia.in.14.& 15. col. de prob. & in.c.cum pro causa.in prin.de sent.exco.cum concord.

Nono respondeo,quod cum tractetur de delicto Comit.Scipionis , in delictis minor non habet restitutionem.l. si ex causa. §. nunc videndum.ff. de minor.ibi,& placet in delictis minoribus nō subueniri,& in.l.auxiliū. in prin. eo.tit.& in.l.1.C.si aduer.delic.& not.Bar.in. l. si quis in tantam.post glo. ibi in.3.col.C.vnde ui.& dicit Bar.in.l.1.§.nunciatio.ff.de nou. oper. nun. quod minori existenti in dolo nunquam datur restitutio,& tradunt Cano. in.c.1.vbi Abb.col.3.de dolo & cōtu.& dicit Ang.in.l.fi.ff.si quis test.liber. iuss.esse fuer.quod in exequutionibus pænarum nō datur restitutio,sequitur Aug.de Arim.in addi.ad Ang.de malef.in vers.incohata,& facta.num. 9.col.3.vers. quinimo dicit quod credit.& præsertim quando delictum est atrox,& graue,& in committendo,non in omittendo,vt pul. per Mathes. singul.164.incip. nota quod minor.& Bero.in questioni. familiar.q.135.& Franc.Cremen. singulari.23.

Decimo respondetur,in facto constare sententiam Delegati aprobatam fuisse,& à CAROLO V. & à FERDINANDO eius successore IMPERATORIBVS ex certa eorum scientia , vt patet in actis,quo casu dicitur Principis sententia , contra quam nil opponi potest , vt habetur in.c.1.&.2.de confir.vtil.vel inutil. omnes in.l.4. vers. condemnatum.vbi Ias.col.3.vers.tertio limita.ff.de re iudi.& contra talem sententiam à Principe confirmatam,& exequutam non datur restitutio, & si datur per raro quidem datur,& ex causa vrgentissima,vt dicitur in.l.minor autem.§.1.ff. de minor.& ideo dixerunt Io.Andr.& Archi.in.c.1. de pac.in 6. quod vbi interuenit authoritas Principis,non potest allegari læsio, neque peti restitutio in integrum,refert,& sequitur Alex.cons.240. ad fi.in 6.nu.x.& est rtaio, quia Princeps præsumitur iustitia plenus , & quod ideo non confirmasset sententiam,adeo præiudicialem Co. Scipioni , nisi cognouisset illā

iustam

iustam,&rite,& iuste prolatã,vt inquit Bal.conſ.395.col.1.ad fi.in 2.quando enim Princeps aliquid facit, præſumitur facere ex iuſta cauſa, vt idem Bal.dicit in.l.ſi teſtamentum.C.de teſtam.& Dec.conſ.292.col.3. & conſ. 307.col.3.cum non ſit veroſimile,quod inde iniuriæ,&iniuſtitia naſcantur vnde iura,& iuſtitia naſci debent, iux.l.meminerint. C. vnde vi.

Vndecimo dicitur,quod ex alio reſtitutio peti nõ poteſt,quia petita eſt tranſacto quadriennio poſt ipſius maiorem etatem, vt in facto præſuponitur, etiam vbi de læſione conſtaret,& præſertim contra ſententiam, quæ tranſiuit in rem iudicatam,iux.c.1.de reſt.in integ.in 6.& cle.1.eo.tit.& not.in l.Reſpublica.C.quib.ex cau.maior. & in.l.1. C.de ſent.aduer.fiſc.lat.tradit Alex.conſ.30.num.6.& not.in.l.interdum.vbi glo.in verſ.plane de minor.& in.l.diuus.in glo.in verſ.reſtituere.ff.de in inte.reſt.& per omnes in l.vlt.C.de temp.in integ.reſt.quod etiam procedit in maiore,vt ibi omnes notant,& præſertim ſi lapſum ſit quadriennium à die ſcientiæ, vt per Bal. in.l.falſam.in fi.C.ſi ex falſ.inſt.& Card.in.d.Cle.1.in 25.q. de in inte.reſt. Abb.in.c.1.col.vlt.de præſcr.& conſ.32.col.vlt.in pri. & Alex.cõſ.83.col. 2.in pri.& conſ.4.col.pen.in 2. Quod autem ſcientiam habuerit Co. Scipio per quadriennium ante ceptam litem, probatum præſuponitur in facto,quod ſcilicet à pluribus audiuerit contra ipſum latam fuiſſe ſententiã, quod & veroſimile eſt,cum plures haberet affines, & conſanguineos in Ciuitate Ianuæ,qui ipſum veroſimiliter admonuiſſe debuerunt de d. ſententia,ſaltem vt caueret,ne vti bannitus ſub pœna capitali poſſet intra confinia impune offendi,& occidi,& dicam etiam ſtatim, & tradit etiam Alex. conſ.30.num.6.in fi. & ſeq. in 5.

Duodecimo reſpondetur, reſtitutionem in integrum potuiſſe forte admitti re integra,& antequam bona diſtraherentur,ſed poſtquam diſtracta ſunt, & in alienas manus peruenerunt,non poteſt peti reſtitutio,vt eſt tex. in.l. quod ſi minor.§.ſceuola.ff.de minor.vbi omnes not.& tradit etiam Crau. conſ.151.num.29.& præſertim cum multæ expenſæ factæ fuerint per Rem pub.Ianuen.in reparatione Caſtri Montobij, vt infra latius deducetur.

Tertiodecimo,& vltimo reſpondetur,quod ſi vult tanquam maior, ex generali clauſula,ſi qua mihi iuſta cauſa extiterit, reſtitui pariter nõ poteſt, quia talis reſtitutio non datur niſi iuſta cauſa probata ſit. d. l. 1. §. fi. ff. ex quib.cau.maior.ideo non datur reſtitutio negligentibus.l.non enim.ff.eo. Bar.in.l.ſeruo inuito.§.cum prætor.ff.ad trebel. & in.l.1.in fi. C. de ſent. aduer.fiſc.lat.lib.x.& tradit Alex. in. d.l.1. in prin.ff.ex quib. cau. maior. At qui in caſu noſtro nulla iuſta cauſa per Com.Scipionem adduci poteſt, cur tantum diſtulerit,& quod intra quadriennium non petierit, quod tempus,à iure præfixum eſt, vt dixi ſupra in vndecima reſponſione, Nam aut vult allegare ignorantiam, quæ quidem ſi iuſta foret eſſet legitima cauſa, quia tale tempus currit tantum à die ſcientiæ, vt dixi ſupra in.d. reſponſione vndecima,aut vult allegare iuſtum impedimentum,quo ad iuſtam ignorantiam,illam proculdubio allegare non poteſt,quæ iuſta ſit,nam certum

eſt

est,quod sententia contra Scipionem lata, publice in Ciuitate Ianuæ lata erat,vt apparet ex actis,& sic notoria iam erat facta , & publice per totam Italiam nota erat,maxime intercedente etiam sententia capitalster, & publice exequuta contra Iulium Cibo eius complicem, non potest ergo iusta ignorantia dici eius quod publice factum erat , & in notorium transierat, & omnibus notũ erat.l.regula.ff.de iur.& fac.ignor.l.tutor. vbi bona glo. ff.de admi.& pericu.tut.c.1.de postul. prælat. & in terminis istis consuluit Ro.cons.127.in fi.ibi non enim excusat ignorantia eorum,quæ publice apud omnes nota sunt,& tradit Ias.in.§.rursus.num. 31. inst. de act. supina enim ignorantia,quæ latam præsuponit culpam,non dicitur iusta causa restitutionis,vt habetur in.l.nec supina.ff.de iur.& fac.ignor. cum concord. vt per Feli.in.c.vigilante.col.4.vers.limita tertio. de præscr.& Dec.cons. 36.col.pen.vers.& per hoc tollitur.& Rom. etiam cons.340.in fi. vbi dicit quod talis ignorantia neque eam alleganti prodest,& habetur pro scientia, sequitur Marsil.in.l.qui ignorans.ff.de fals.&.l.qui falsam. num.94.ff.eo. & Gozad.cons.8.col.vlt.& cons.68.num.14.quod procedit ne dum in ciuilibus,sed etiam in criminalibus,& pœnalibus,vt per Marsil. in locis prællegatis,& est bona glo.in Cle.1.in vers.scienter.de consang.& affi.&in.c.1. §.similiter.in vers. sciens.in tit, quib. mod.feud.ami. vbi Bal. col.vlt.vers. quero quid de eo.& cum Com.Scipio sciret se saltem suspectum de crimine,cum sciret se nominatum à Iulio Cibo,& Iulium captum,ex qua causa ipse à Roma,& Mirandula discedens in Galliam se contulit, debuit inuestigare quid de se ageretur,vel actum foret , præsertim cum à die quo Com. Scipio fuit nominatus pro complice à Iulio Cibo, vsque ad sententiam latã contra Com.Scipionem,intercesserint anni fermè quatuor,vt ex actis apparet,ergo si non inuestigauit sibi imputandum est , neq; talis ignorantia dato quod extaret (quod tamen falsum est) nõ posset illi prodesse,vt est tex. in.l.3.§.si sic.ff.de in rem.ver.& in.l.qui hominem.§.si nullo.ff.de solut.& Paul.cons.295.col.1.vers.ignorantia enim.in pri.vbi dicit quod sic ignorãs dicitur esse in ignorantia affectata,vel saltem in lata culpa,& cum fuerit in hoc negligens dato (non tamen concesso) quod antea fuisset in aliqua iusta igorantia, attamen tempus hoc negligentiæ absorberet tempus iustæ ignorantiæ,vt ad illud nõ posset p eti restitutio in integrum, ita in terminis pul.declarat.Paul.cons.168.in fi.in 2.vbi adducit not.in.l.quo tempore.C. de testi.mil.& in.l.ab hostibus.§.id quod simpliciter.ff.ex quib.cau. maior. Neque releuaret Com. Scipionem si diceret se errasse in iure, non inuestigando,& perquirendo,prout de iure tenebatur per prædicta,quia error iuris excusat à dolo.l.sed & si lege.§.scire.vbi notant omnes ff.de pet.hered. Quia respondetur,quod licet excuset à dolo, non tamen à culpa lata, nam errans in iure dicitur in lata culpa.l.liberorum. §.notantur.ff. de infam.l. late.ff.de verb.signif.Bar.in.l.non fatetur.col.3.ff.de confess.& ideo error iuris dicitur causa iniusta,vt inquit glo.in.l.plagij. la secunda.C.ad.l.flau. de plagi.& Alex.cons.92.col.fi. in pri.ergo impossibile est quod talis causa ipsum

ipsum releuet, cum vt restituatur, requiritur quod sit iusta, vt.d.l.1.ff.ex quib.cau.maior.& quod error iuris non sit iusta causa ad restitutionem petendam in integrum, tradit Bar.in.l.cum fideicõmissum. col.2. vers.quero an aduersus.ff.de confess.& in.l.1.§.edictum.ff.de separa.bona.Corn.cons. 244.col.3.in 4. Sed præterea dico, quod imo præsuponitur in facto probatam esse scientiam ipsius Com.Scipionis, tam de citatione, quam de sententia, ergo non potest prætextu ignorantiæ peti restitutio in integrum, vt per Fel.in.d.c.vigilanti.col.2.de præscr. & per. Arer. cons. 15. cum alijs adductis per Paris.cons.66.num.95.in.3. Non etiam potest excusare se Co. Scipio prætextu impedimenti per eum allegati, videlicet quia inseruiebat Gallis, neque poterat ideo adesse, quia respondetur, quod ista absentia erat voluntaria, & sic impedimentum voluntarium, ergo non concedenda restitutio, iuxta not.per Bar.in.l.fi.ff.de in integ. rest. & per Bal.in.l. ab eo.C. quomodo & quando Iud.& per Cano.in.c.quoniam.§.porro. extra.vt lite non contest.& not.in §.item tria onera.inst.de excu.tut.& in.c.irrefragabili.de off.deleg. Et quod plus est absentia ista nedum fuit voluntaria, sed etiã iniusta, & dolosa, nam se absentauit, vt inseruiret Gallis inimicis CAESARIS, quod vti eius Vasallus facere non debebat, iux.c.1. quib. mod. feud.amit.ideo talis absentia iniusta, & dolosa delictum continens non debet ei prodesse, neque eum excusare.c. consultationibus. de off. delega. & tradit Paris.cons.99.num.xj.in 4.& dixi etiam supra in alio proposito.

Postremo non obstat quod in dubio restitutio in integrum concedenda sit, vt dictum est in contrario, Quia respondetur primo, quod illud procederet vbicunque tractaremus de restituendo aliquem aduersus simplicem præscriptionem, & ita loquuntur contraria, & eo casu ratio est, quia præscriptio dicitur remedium odiosum, & temporis circunuentione auferens Dominium tertio, in auten.vt Eccl.Rom.cir.med.&.§.voluimus.in aut.de ijs qui ingred.ad appellan.Isern.Mart.Laud.Præpos.Alexan. & allij in.c.1.in prin.col.1.quo tempore mil.& per Bal.in cons.184.col.1.in fi.in 5.& Cald. cons.5.col.1.sub tit.de reb.eccl.non alienan.& Abb. cons.71. col.1.in 2.Ias. cons.159.col.3. in 2. At in casu nostro non agitur de restituendo aduersus præscriptionem, sed aduersus sententiam latam pro grauissimo, & atrocissimo crimine, nempe rebellionis, & Læsæ Ma.quæ sententia transiuit in rẽ iudicatam, ergo non est solus temporis cursus, Præterea dico, quod in casu præsenti non sumus in dubio, quinimo in claris, quod scilicet nullo pacto restituendus sit, vt supra probatum fuit per tresdecim fundamẽta, quæ pro.13. responsionibus ad hanc petitam restitutionem adduximus, ergo nil obstat, sed & multa inferius deducẽtur, per quæ aparebit nos esse in claro, non in dubio.

Verum enim vero ad tollẽdam prorsus omnem dubitationem circa hanc oppositionem nullitatis, super qua interloquutum est per CAESAREM, quod admittantur probationes Com.Scipionis, dicitur, quod nulla prætensa nullitas potest considerari in præsenti casu, neq; prætextu processus, neque prætextu sententiæ, nam omnia fuerunt confirmata, tanquam rite, recte, ac iuste, acta per fe. me. FERDINANDVM IMPER. ac demum comprobata per præsentem MAXIMILIANVM AVG. Scimus enim quod sententia, vel processus etiam si nulli sint, tamen per superiorem confirmari possunt, & si confirmentur nil vlterius queri potest, aut debet, vt tradunt omnes in.c.1.& 2.de confir.vtil.vel inutil.& per Philipp.Franc.post alios in.c.dilecto.q.41.& 48.de appell.& per Feli. in.c. ea quæ.in pri.col.de sent.& re iud.Bar.in.l.fi.per illum tex. C. de fide inst.& & in.l.si expressim.in 3.col.de appell.& in.l.1.col. pen. C. quando prouo. non est neces.& ideo sententia etiam nulla sic confirmata erit exequutioni mandanda,& per consequens exequtio ista iam facta multomagis manutenenda, quando scilicet prima sententia esset nulla ex alio quocunque capite, quam ex capite clari erroris in ea expressi, vt pul.declarat Alex.cons. 79.num.4.in.2.& cons.3.num.2.& 3.in 5.& cons.66.in fi.6. vol.& late testatur in tract.de imper.q.110.priui.273. Quod si potest hoc facere simplex Iudex appellationis multomagis,& indubie poterit facere supremus Princeps, prout fecit in præsenti casu, vt probatur in. l. adoptio non iure facta. ff.de adop.& tenet Bal.in.l.rescripta.in.3.col.C.de præci.imper.offer.per glo.not.in.c.nullus alterius.9.q.2.& idem tenet Ang. in.l.licet. ad fi.ff. de iud.Princeps enim dicitur summus superior omnium, vt dicit Bal.in.l.pen. in prin.C.de bo.q; lib.& omnia potest, crimenq; sacrilegij est, disputare de eius potestate, vt idem Bal. dicit in.l.2.C.de crim. Sacrileg. quia voluntas eius est.l.1.de const.prin.quodcunque enim placuit Principi legis habet vigorem,& vbi dicitur,& sufficit pro responsione voluntas, vt dicit Bal.in.l. fi.col.2.C.de sent.rescin.non poss.etiam si ius tertij auferat, vt late p Dec. cons.588.num.1.& seq.vbi plura ad hoc adducit, & alia multa adduci possent quæ breuitatis causa omitto. Adde quod talis confirmatio fuit facta motu proprio, quæ clausula operatur quod dispositio sit fauorabilis, & plenius interprætanda.c.si motu proprio.§. si pluribus.de præb.in 6. Cle. si Romanus. eo.tit.cum concord.de quibus per Dec. cons.405. num. 1.& & cons.410.num.21.& 468. num.14.& Gozad. cons.8. num.20.& Gratus cons.9 num.178.in pri.& excludit vitium surreptionis, dato quod ad petitionem partis fuerit concessa illa dispositio, vt not. Bal.in. c. nisi specialis. in 2.col.vers.pone in literis.de off.lega.Soc.cons.115.num.2.in 3. Dec.in.c. ad aures.col.4.vers.tertia conclusio.de prescr.& cons.51.nu.3.& per Ale. & Ias.in.l.si quis iniquum.ff.quod quisque iur.& Rom.cons.327.num.9.10. & plur.seq. Item adest etiam clausula, ex certa scientia, quæ operatur, vt quod Princeps facit ex certa scientia, ratum, & firmum sit, neque contra illud aliquid opponi posit, neque in dubium reuocari, vt not.Bal.in.l.conficiuntur.§.codicilli.ff.de iur.codi.& idem Bart. cons.196.col.2.& Oldra. cons.257.col.5.vbi inquit quod clausula, ex certa sciētia, facit valere illud quod prius defectum patiebatur,& Bal. in.l.eos. C.de appell. & in.c.1.§.si quis autem.de pace.consta.vbi in specie inquit, quod non debet quis audiri

contra

contra illud, quod facit Princeps ex certa scientia, sed debet reprehendi, & illi perpetuum silentium imponi, etiam si dispositio illa tenderet in præiudicium tertij, vt per Paul. de Cast. cons. 178. col. 2. & 3. in pri. & Io. de An. cons. 81. col. vlt. vbi inquit quod Princeps potest rem alterius concedere, cum clausula ex certa scientia, sequitur Alex. cons. 215. col. 5. in. 2. & Dec. cons. 498. num. 25. in fi. & seq. & cons. 516. num. 8. & licet alias confirmatio facta in forma communi nil noui iuris tribuat, glo. & ibi tex. in. c. fi. de confir. vtil. vel inutil. quam allegat Spec. in tit. de legat. §. nunc ostendendum. vers. vndecimo. & Oldra. cons. 164. in fi. & Bar. in. l. priuilegia. C. de sacrosanc. Eccl. & in. l. si constante. de appell. attamen si confirmatio facta sit ex certa scientia, prout reperitur facta in præsenti casu, intelligitur confirmare etiam illud quod est nullum, vt not. in. c. 1. de transact. & docet Bar. in. d. l. priuilegia. & Card. cons. 44. & Paul. cons. 125. num. 8. est in fine consilij. ii. vol. & Alex. cons. 59. num. 8. & seq. in pri. & Dec. d. cons. 516. num. 12. & cons. 656. num. 19. & seq. Gratus cons. 9. num. 176. in pri. Paris. cons. 5. num. 120. in 4. Natta cons. 638. num. 159. in 3. Crau. cons. 241. num. 3. in fi. Soc. Iun. conf. 68. num. 12. in 3. Valla. cons. 71. num. 48. in 2. & alibi sæpe consulentes. Neque his obstat si opponeretur, quod prædicta clausula non videtur operari in præiudicium tertij, maxime vbi non interuenit causæ cognitio, vt tradit Spec. in tit. de leg. §. nunc ostendendum. vers. decimo octauo. & Rota decis. 230. incip. Papa confirmando. & Soci. cons. 164. col. 3. vers. sed ad ista respondeo, sequitur Dec. cons. 407. num. 24. & cons. 410. nu. 21. & cons. 468. num. 21. & cons. 606. num. 14. in fi. Aret. cons. 15. nu. 6. Gozad. cons. 31. num. 42. Soc. Iun. cons. 77. num. 126. in pri. Valla. cons. 7. num. 107. in 3. Cur. Iun. cons. 142. num. 8. vers. non obstat. Paris. cons. 1. nu. 84. & cōs. 31. num. 121. in pri. Gram. decis. 104. num. 2. & quod ista clausula ex certa scientia, nil operatur in ijs quæ consistunt in facto, & de quibus præsumitur verosimiliter Principem notitiam non habuisse, vt inquit Bal. in. l. vlt. col. 2. vers. dicas etiam. C. sent. rescind. non poss. & tradit Alex. cons. 122. col. vlt. in 4. & cons. 103. eo. vol. & cons. 125. in fi. in 2. & cons. 119. num. 5. & 6. in 6. Cur. Sen. cons. 49. col. 21. & Dec. in. l. in totum omnia. de reg. iur. & cōs. 198. num. 6. & cons. 407. num. 23. & Ias. cons. 19. col. 2. & cons. 119. in fi. in 3. imo neque si Princeps attestatur se de tali facto notitiam habuisse, credendum esset ei, iux. clem. 1. in fi. & in. c. cum à nobis. de test. & Paul. cons. 46. num. 4. in 2. & Dec. d. cons. 407. num. 23. At qui in præsenti casu non potest dici quod IMPERATOR de isto facto rebellionis notitiam veram non habuerit, ergo in præiuditium Com. Scipionis nil debent operari istæ clausulæ, nulla etiam causæ cognitione præcedente. Nam ad hæc & similia respondetur, quod procederent forte quando extaret simplex clausula ex certa scientia, neque ex alio constaret, quod de assertis notitiam aliam habuisset, verum in casu nostro IMPER. FERDINANDVS attestatur se vidisse legitimum processum, & iuridicam sententiam quas scripturas asserit sibi in fide digna forma exhibitas fuisse, & ex illis dicit, & asserit se cognouisse quod Co. Scipio propter coniurationem factam cum Iulio Cibo contra Ciuitatem IMPER. Ianuam, quæ est IMPERII Camera, ac classem CAESAREAM, & Ill. Principem Andream Auriam generalem classis IMPERIALIS Præfectum, fuisse declaratum rebellē, & Læsæ Ma. reum, ac omnibus feudis priuatum, & ideo IMPERATOR ipse sententiam illam confirmat, & declarat Scipionem cecidisse à iuribus suis tanquam rebellem &c. Ecce quod non asserit FERDINANDVS simpliciter sibi hæc relata, quod si fuisset forte posset dici quod non habuisset veram notitiam, quinimo asserit se cognouisse ex processu, & sententia sibi in fide digna forma exhibitis, Quæ quidem verba non sunt simpliciter narratiua de facto alieno, sed sunt assertiua de facto proprio, quod scilicet vidit ipsas scripturas autenticas, & ex eis cognouit, ergo plenam faciunt fidem, & eis credendum est, præsertim cum hoc rescriptum, siue confirmatio in illis scripturis, & donationibus per se visis potissimum se fundet, vt pul. declarat Calder. cons. 2. in fi. sub tit. de priuil. & est glo. in vers. fecisse in Cle. 1. de probat. vbi Imol. col. 2. & Card. ibi col. 8. & x. & idem Card. cōs. 128. num. 2. & Oldra. cons. 258. num. 1. & bona glo. in. c. si papa. in vers. asserat. de priuil. in. 6. & Roma. cons. 180. num. 3. vers. tertio quia verba Papę. Soci. cons. 266. nu. 27. in 2. & Rui. cons. 227. col. 3. vers. in hoc stat differentia. 1. vol. Quinimo plus dico, quod talibus verbis assertiuis de facto proprio adeo creditur, vt nec etiam probatio in contrarium admittatur, vt tradit Soc. d. cons. 266. num. 27. in. 2. & in fine illius numeri, & in vers. sed in hoc est differentia. vbi dicit quod inter verba assertiua Principis de facto suo, & verba narratiua de facto alieno hæc est differētia, quia in illis creditur eius dicto, neque admittitur probatio in contrarium, in istis vero creditur quidem donec probetur contrarium, & idem tenet Curt. Sen. cons. 20. & cōs. 21. quem ad hoc refert, & sequitur Paris. cons. 17. num. 17. in 4. Adde quod asserit etiam ea quæ facta fuerunt ab eius præcessore CAROLO fratre & tunc IMPERATORE, quo casu creditur asserenti factum præcessoris licet non asseret se vidisse, aut legisse, prout hic asserit FERDINAN. vt tenet Imol. in. d. Clem. 1. de probat. col. pen. vers. idem per omnia dicit Lauden. & idem quoque tenet ibi Card. q. 9. & Alex. cons. 15. nu. 2. & Paris. cons. 99. num. 3. in 4. & Ripa. respons. 1. num. 28. lib. 1. & Card. cons. 128. nu. 2. vers. item & Principi. & Soc. cons. 27. num. 4. in 3. Rui. d. cons. 227. col. 3. vers. & facit ad hoc. in pri. Dec. cons. 544. & 606. num. 1. & Ripa. d. cons. 1. num. 28. vbi volunt quod d. Cle. 1. de probat. loquens de Papa extendatur etiam ad IMPER. & licet aliqui voluerint, quod sit speciale in Papa, attamen veriorem hanc esse quod scilicet procedat etiam in IMPER. defendit & comprobat Crau. in tract. de antiq. temp. parte pri. nu. 41. & seq. Et certa scientia probatur optime ex ijs quæ narrantur, vt scilicet in casu nostro, quando asserit se cognouisse ex scripturis, vt per Feli. in. c. cum inter. num. 6. de excep. & in. c. cum olim. num. 44. vers. & dicitur certa scientia. de re. iud. quem sequitur Paris. cons. 1. nu. 42. vers. & certa scientia dicitur. in

tur. in

tur.in pri.& sic patet etiam quod interuenit causæ cognitio, cum scilicet scripturas viderit IMPERATOR, quo ad sui instructionẽ, vt p Bart. in.l.3.§.si causa cognita.ff.de bon.poss.& in.l.1.§.causa cognita.de minor. Neque in hac confirmatione requirebatur citatio partis, quia iam sentẽtia transiuerat in rem iudicatam cõtra quam nil opponi poterat, cum res iudicata pro veritate habeatur.l.res iudicata de reg.iur.not. omnes in rubr.ff. de re iud.& ext.eo.tit.quinimo rescriptum Principis contra sententiã quæ transiuit in rem iudicatam non valet.l.fi.C.sent.rescin. non poss.l.causas, vel lites.C.de transa.c.exposita.de arb.& not in.c.cum inter. & in.c.quod ad consultationem.de re iud.& pro ipsa sententia quæ transiuit in rem iudicatam præsumi debet, tam quo ad solemnitates, quam quo ad iustitiam, vt not.in.c.bone.il primo.de elect.cum concor.vt per Alex.cons.30.nu.7. in 5.& sic sublata sunt omnia quæ contra hanc clausulam dici possent.

Adest præterea clausula de plenitudine potestatis, quæ operatur quod pariter nil opponi posit contra concessionem, vt per Bal. in prohe. decretal. col.4. quia non potest queri à Principe causa propter quam id facit, quando vtitur plenitudine potestatis, quia sufficit pro responsione voluntas, vt inquit idem Bal.in prælud.feud.col.9.vers.sed pauca de Principe.sequitur Dec.cons.656.num.23.& seq.& ideo quando Princeps de plenitudine potestatis confirmat sententiam alicuius, reddit eam validam, etiam si esset nulla ratione deffectus iurisditionis, qui defectus est maximus omniũ. hoc tenet Inno.in.c.prudentiam.de off.deleg.in glo.quæ incipit, sed quid si Iudex.sequitur Ang.in.l.obseruare.§.post hæc.ff.de off. præsid. vbi etiam ad hoc allegat glo.not.in.c.nullus.il primo.9.q.2.& tex. in.c. hoc quippe.3. q.6.refert etiam & sequitur Feli.in.c.ea quæ.circa fi.de re iud. quæ etiam clausula operatur, vt non requiratur citatio partis, vt per Bal.in.l.ne causas.C.de appell.vbi respondet ad Cle.pastoralis.de re iud.hoc idem tenuit ipse Bal.in.l.2.in prin.C.quomodo & quando Iud.per glo.in.l.antep.ff.ex quib.cau.maio.quod pluribus cõprobat Ias.in.l.ne quidquã.§.vbi decretũ. nn.29.de off.procõs.& Dec.cons.191.nu.7.& Paris.cõs.1.nu.70.& 71.in 2.

Item adest clausula supplentes omnes deffectus, quæ supplet quoscunque defectus iuris positiui, etiam substantiales, vt habetur in.c. pastoralis. de rescr. & in.c.inter dilectos.de fide.instr.tradunt Anto. & Abb.in.c.1. de transac. Alex.in.l.filius à patre. in fi.ff.de lib.& post.Card.in Cle.pastoralis.§.pen. de re iud.Soc.cons.120.num.4.in 3.Alex.cons.79. nu.7. vers.nam vt dicit. 1.vol.Ias.cons.86.col.9.in 3.cum concord.

Ex quibus omnibus apparet, quod ista confirmatio fuit specifica, & cum causæ cognitione, tam de processu, quam de sententia, & donationibus factis p CAROLVM, non autem fuit facta in forma cõmuni, ideo nil vlterius opponi potest, vt per Alex.cons.128.num.18.in 4.& per Paris.cons.33.nu. 49.& seq.in 3.cum simil.vt per Gozad.cons.8.nu.43.& cum tot clausulæ efficaces appositæ fuerint, multo plus operantur quam singulæ de per se, vt probat Rui.cons.98.num.13.in.2.& Gozad.cons.5. num.16.

Neque his obstat si dicatur in oppositum, quod istæ clausulæ suplent bene defectum iuris ciuilis, sed non naturalis, & per consequens citationis, vt tradunt omnes in locis supra allegatis, quia respondetur, quo ad sententiam Delegati citationem per edictum extare, & ideo in hoc non est faciēda uis vt supra late probatum fuit, dum respondi ad oppositiones factas cōtra d. edicta, & dato non tamen cōcesso, quod in eo fuisset aliquis defectus circa ipsum modū citādi, hoc est de iure ciuili, vt scilicet plus vno modo citetur, quā alio, vt per Bal. in. l. 1. nu. 9. C. quomodo & quando Iud. ideo ꝑ hanc cō firmationem potuit FERDINAN. tales defectus suplere, nā tūc dicitur esse defectus citationis de iure naturæ, cui suplert nō potest, quando nulla est facta citatio, quia tūc tollitur defensio, sed quādo nō tollitur defensio, sed tantū variatur modus citādi, nō dicitur tunc defectus iuris naturæ, sed iuris positiui, vt not. Ang. Cuma. & Imol. in. l. si sic. in prin. ff. de leg. 1. quos sequitur Alex. cōs. 225. nu. 6. in fi. & 7. in 6. & ideo cōfirmari pōt vt dictū est.

Et quod plus est FERDINANDVS non modo confirmauit processum, & sententiam Suarez Delegati, sed & ipse viso ipso processu, & sententia ipsum Com. Scipionem declarauit reum Læsæ Ma. & notoriæ rebellionis, atque omnibus bonis priuauit cum præfatis, & alijs similibus clausulis, asserēs se nullo iuris, vel facti errore ductum ita facere, vt constat in suo rescripto, quo stāte dicitur esse sententia ipsius met IMPERATORIS, quæ sententia Principis, valet etiam nullo iuris ordine seruato, vt per Inno. in c. in causis. de re iud. & Ang. in. l. Princeps. ff. de leg. præsertim quando asserit se procedere ex absoluta potestate, dicit enim ibi Ang. quod Princeps habet duplicem potestatem ordinariā, scilicet & absolutam, & quando vtitur absoluta non est sub lege, nec quo ad obseruantiam, nec quo ad vinculum iuris, de qua potestate absoluta potest Princeps procedere, etiam parte non citata, secundū Io. Andr. in addi. ad Spec. in tit. de Sententia. §. iusta. vers. est etiā nulla. & in. c. 1. de cau. possess. & proprie. & in. c. inter quatuor. vbi Inno. Imol. & Abb. de maior. & obed. cum concord. de quibus per Alex. in. l. de vno quoque. ff. de re iudi. nam quando constat Principem voluisse omnino præiudicare aliquui non est necessaria illius citatio, vt dicit Alex. cons. 87. col. 9. in 2. & Feli. in. c. cum olim. num. 15. de re iudi. in vers. non oportet. sequitur Dec. cons. 191. num. 6. & 8. & cons. 269. col. vlt. & multomagis prædicta procedunt, quādo Princeps in tali actu, in quo procedit ex plenitudine potestatis, adducit causam in qua non requiritur citatio, vt in specie adducitur exemplum in notorio delicto, vt habetur per omnes in. c. vestra. de coha. cler. & mulier. & in. c. quanto. de transla. prælat. Abb. & alij in c. ad nostram. il terzo. de iur. iur. & in. c. per tuas. col. vlt. vers. vltimo extra. glo. de sent. exco. cum multis concor. de quibus per Feli. in. d. cū olim. col. 7. & 8. & per Aret. cons. 116. col. 4. & seq. & Soc. inter consilia Curt. Seni. cons. 20. col. 4. 7. & 8. & cōs. seq. videlicet. 21. col. 3. & 11. & seq. & idem Soc. tradit cons. 4. col. 7. num. 13. in 3. Vbi concludit Ducem Sabaudiæ iuridice priuasse quosdam suos rebelles, priuādo eos armata manu castris, & bonis,

esto

esto quod nullus legitimus processus interuenerit, neq; citatio, quia in notorijs potuit manu Regia procedere, cum igitur notoria fuerit ista rebellio Co. Scipionis, vt dicitur in rescripto, & probatum præsuponatur in facto quod talis rebellio erat notoria, & Romæ, & Mirandulæ, & Ianuæ, & in aliis locis, & præsertim etiam ex actis, processus formati contra Iulium Cibo, quæ acta notorium inducunt, vt per Inno. in. c. ex insinuatione. de app. & in. c. cum olim. vbi Abb. de verb. sign. cum concord. vt per omnes in. l. 2. C. de eden. potuit vtiq; FERDINANDVS IMPERATOR multomagis priuare, & declarare priuatum Co. Scipionem prout declarauit.

Confirmantur etiam omnia prædicta ex alia confirmatione omniũ prædictorum actorum facta per Inuictissimũ præsentem IMPERATOREM MAXIMILIANVM, qui in inuestitura facta per ipsum Ill. Co. Antonio de Auria confirmauit omnia acta contra Scipionem tam per q. Diuæ me. CAROLVM patruum, & socerũ, quã per FERDINANDVM patrem cum amplissimis, & efficacissimis clausulis, quæ confirmationes geminatæ, & triplicatæ multomagis tollere debent omnem prætensam nullitatem, cum apareat de mente enixa trium IMPERATORVM, quod Com. Scipio rite, & iuste sit condemnatus pro rebelle, nam confirmatio geminata tollit omnem exceptionem, adeo vt nihil opponi possit, vt in specie in confirmatione dicit Bal. in cons. schismatis, quod habetur in Rubr. C. si quis aliq. test. prohi. col. 11. vers. porro quia vero consonant omnia. per tex. in. §. & hoc vero iubemus. vbi etiam glo. in aut. vt nulli iud. & not. in. l. nec damnosa. C. de praeci. imper. offe. vbi Bal. in vers. sed contra primum dictũ. & per Dec. cons. 583. num. 8. in fi. & cons. 137. nu. 1. circa fi. in vers. Accedit quod talis. & per prædicta sumus expediti de omnibus concernentibus nullitatem, de quibus etiam aliqua dicam in fine consilij, dum tractabo ordinẽ, & colligam in compendium omnia quæ cõsideranda sunt in præsenti casu.

Deuenio modo ad secundum principale caput huius consultationis, videlicet circa innocentiam Com. Scipionis à delictis, & rebellione, ac Crim. Læsę Ma. sibi obiecto, & concludendum etiam videtur in hoc de iure Co. Scipionem innocentiã suam nõ probasse, vt tenebatur, quod vt clarius ostẽdatur.

Præmitto primo, quod licet inquisitus de aliquo delicto non teneatur probare innocentiam suam, & sic negatiuam regulariter, quia quilibet præsumitur bonus. l. merito. ff. pro socio. & quia actore non probante reus absoluitur, etiam si nil præstiterit. l. qui accusare. C. de eden. glo. vlt. in. c. cũ sunt partium. de reg. iur. in. 6. & Alex. tradit cons. 66. col. 1. in pri. & quia regulariter negatiua probari non potest. vt not. in. l. 1. C. de probat. & glo. in. l. 2. in vers. compellere. C. de iur. emphi. & in. l. in exceptionibus. ff. de prob. & in. l. in ciuile. C. de rei vend. quæ procedunt etiam si reus sumpsisset in se onus probandi ipsam negatiuam, vt per Bar. post glo. ibi in. l. circa. ff. de pb. & per Salic. in. l. 2. C. eo. & per Deci. in. d. l. qui accusare. nu. 15. C. de eden. Attamen in casu nostro contrarium obseruandum est, quod scilicet imo attendendæ sint probationes Com. Scipionis condemnati de Cri. Læse Ma.

non autem probationes Reipub. Adeo quod si probationes nunc factæ per d. Com. Scipionem non releuabunt, proculdubio sucumbere debebit, & hoc probatur ex pluribus.

Primo quia ipse Com. Scipio in hoc iudicio actor est, vt apparet ex eius libello producto, & cum contra eum fuerit per reos cōuentos exceptum, quod non debet audiri tanquam rebellis, replicat ipse se esse innocentem, & sententia qua fuit condemnatus pro tali delicto nullam, ergo fundamentū intentionis suæ est quod sit innocens, nam licet reus in exceptionibus dicatur esse actor. l. 1. ff. de excep. id tamen verum antequam exceptiones oppositas probet, sed postquam probauit, vt in casu nostro probatæ sunt per sententiā, & tot confirmationes IMPERATORVM, tunc actori incumbit onus probandi replicationes suas, quia & ipse in replicationibus retinet & fungitur vice actoris, vt habetur in. l. 2. ff. eo. tit. de excep. si igitur Com. Scipio, qui replicauit se nulliter, & iniuste damnatum, hæc non probat, sucumbere debet per eandem regulam. l. qui accusare. C. de eden. vt tradunt Bar. & ceteri in. d. l. 2. ff. de excep. & probatur in. c. post electionem. & in. c. cū nuper. de concess. præben. & in. c. venerabili. de off. deleg. & tradit Alex. cons. 88. num. 1. in 5. etiam si foret negatiua, vt omnes not. in locis prælegatis. Nemo enim sententiam ex eo sperare confidat, quod probare nō potest. c. si sacerdos. de off. ord. l. fi. C. de accu. l. criminis. C. de calum.

Secundo quia in Crimine Læsæ Ma. etiam non probāte accusatore, reus purgare se debet, & innocentiam suam ostendere, prout etiam in crimine peculatus, & deserti iuramenti, vt habetur in. l. si aliquis. C. ad. l. Iul. ma. in. l. fi. C. de aboli. in aut. hoc nouo iure. C. de pen. iud. qui. mal. iudi. in. l. præsenti. §. sicubi. C. de ijs qui ad eccl. confu. in. c. cū. P. de accu. & in. c. vlt. de iur. iur. & tradit Igne. in. l. necessario. §. non alias. num. 131. ff. ad sila.

Tertio quia Com. Scipio de tali crimine fuit notorie diffamatus, vt patet ex delegatione facta per CAROLVM Suarez, & per sententiam ipsius, & confirmationes eiusdem, quo casu cessat illa præsumptio bonitatis quæ stat pro accusato, vel inquisito, vt per Bar. in. l. si cui. §. eisdem. ff. de accu. l. qui iurasse. §. si pater. ff. de iur. iur. Abb. Feli. & alij in. c. fi. de præsump. cum concor. vt per Paris. cons. 20. nu. 27. in 3. nam quando negatiua habet præsumptionem contra se, & est negatiua ipsa fundamentum illam allegantis, probari debet per eum qui allegat eam. l. ab ea parte. ff. de prob. l. 1. C. eod. l. si cautio. C. de nō num. peccu. l. in exceptionibus. vbi glo. ff. de excep. Ias. in. l. extraneus. col. 2. & 4. ff. de condi. inde. Dec. cōs. 540. col. 3. & cons. 595. col. 1. & cons. 303. num. x. At certum est in casu nostro quod sententia Delegati Principis habet pro se præsumptionem. l. 1. C. de off. præfec. prætor. & supradictum fuit maxime concurrentibus confirmationibus IMPERAT. pro quibus proculdubio præsumitur, ergo debuit probare Com. Scipio, quod sit innocens, dato quod consistat hæc probatio in negatiua.

Quarto, quia Com. Scipio facit fundamentum suum in nullitate, & innocentia, ergo illam probare debet, dato quod sit negatiua, & ipse reus foret. l. in

illa.

illa.vbi Bart.& Alex. & alij.&.l. ita stipulatus. vers. quod si ab initio.ff.de verb.obli.& hanc dici t communem. Alex.in.d.l.in illa. & cons.23.col.1.in pri.& cons.34.in prin.2.vol.& cons.114.in prin.in 3. Dec. cons.78. in fi.& cons.483.col.1. & cons.529. col.1. Paris. cons.58.col.2. in 3. & cons.138.in prin.in 4.Craue.cons.1. col.fin. & alibi sæpe consulentes omnes quos longum esset refferre.

Quinto,quia assumpsit onus Com. Scipio probandi suam assertam innocentiam,& ei per interloquutoriam IMPERATORIS assignata dilatio, & admissus ad talem innocentiam probandam, ergo certũ est, quod ipsam probare debet,vt tradit Feder.in tract.de præsump.in prin.& Herculan.in tracta. probationis negatiuæ. num. 105. vers.tertio sublimita. Nam sibi est imputandum qui tale onus probandi sumpsit.l. habebat. ff. de instito. & in materia criminali tradit in specie hoc Ange. in tracta. malefi. in vers. de anno præsenti.num.3.& Alex.cons.60. in 3.vol.

Secundo principaliter præmitto quod ex quo tale onus probandi innocentiã & sic negatiuam incumbit Comiti Scipioni, debuit eam probare plene, & concludenter,neque sufficit quod leuibus coniecturis id probet, tum quia hoc onus à Principe ei iniunctũ est, & cum Princeps,vel lex iniungit onus aliquui quid probandi,intelligitur quod plene, & concludenter probet,vt late per Feli.in rub.de probat.col.3.& 4.& ibidem Dec. num.13. vbi plura concord. Tum etiam quia in quacunque probatione extraordinaria, quæ requiritur contra regulas iuris communis,probationes debent esse plenæ, & si probatur per testes debent esse omni exceptione maiores, iuxta not. per Bal.in.l.qui accusare.C.de eden.& sequitur Dec.cons.105.num.4.sed probatio negatiuæ est extraordinaria,quia contra regulas iuris, ergo plene probanda,& hoc in terminis negatiuæ tenet Alex.cons.43. nu.18.in 4. & tradit etiam Hercula.d.tract.de probat.negat.num.150. & seq. Tum & postremo,quia contra ipsam assertam innocentiam laborant multæ probationes,videlicet fama,assertiones CAROLI, sententia Delegati, & confirmationes FERDINANDI, & MAXIMILIANI fortiores, & vrgentiores probationes pro ea requirentur vt probatur.in.c. quia verosimile.vbi omnes,& præsertim Feli.de præsump.cum multis concord. adductis per Ias.in.l.si extraneus.in 4.not.ff.de cond.ob.cau.& in specie tradit Cin.in.l.fi.C.si contra ius.vel vtil.pub.& per Abb.in.c. in causis.in 2. not. de reg.iur.& late per Dec.cons. 125. num.4.

Ex istis ergo concluditur partes reorum in præsenti casu non esse probare reatum Com.Scipionis,quia satis abunde probatum est,vt dixi per sententiam,& per eius confirmationes factas à tribus IMPER. sed tantum laborare debent,vt ostendant probationes nullitatis sententiæ,& innocẽtiæ, quas deduxit Com.Scipio non releuare de iure, quia, hoc docto, sequitur necessarium consequens,sententiam fuisse iuste latam contra reum Maiestatis Læsæ, & per consequens bona rite confiscata, & alienata per CAROLVM,& tandem ipsos reos absoluendus apetitis.

Primo

Primo igitur pro innocentia Com. Scipionis probatum asseritur, quod erat adolescens optimæ vitæ,& quietæ, literarum studiosus,& denique bonæ famæ, ex quo voluit inferre, quod per hāc probationem bonæ famæ, & vitæ, tollantur omnia inditia cōtra illum existentia, si quæ fuerūt p tex. vbi Bar. in.l.non omnis.§.a barbaris. ff. de re mil.c. cum iuuentute. de præsump.& idem Bar.in.l.3.§.sed si ex improuiso.ff.de re mili. Bal.in.l.fi.in vlt.col.C. de probat.& in.l.ea quidem.in antepe.col.vers. item quæro an infamatus. C.de accu.& Ange.in.l.milites.C.de question.cum concor. infinitis de quibus per Cuma.cons.135.col.2.vers.amplius dixit Bal. & per Alex.cons.14. nu.8.& cons.89.nu.13.in 3.& per Corn.cons.58.in 4.col.2. vol. & Cepol. cōs.40.col.9.& Dec.cōs.189.in pen.col.& Gram.cōs.38.nu.16.& alibi sæpe

Verū hæc probatio satis leuis est, quia nimiū generalis, nā fateor qđ bona vita, & fama tanquā generale inditiū elidit aliquod inditiū et generale, sed tamen nō elidit inditia,& probationes, quæ in specie factū,& delictū obiectū attingūt vt tradit Inno.in.c.auditis.de præsump.& Bal.in.l.siue possidetis.in.2. col.C.de probat. quia generi per speciē derogatur.& hoc etiā tenet in terminis Roma.cons.167.num.10.& Alex.cons.77.num.6.in pri.& cons.148. num.3.in.2.& cons.28.num.10.& cons.150.col.4.in 5.vbi reffert.Nicol.de Neap.in.l.turpia.in prin.ff.de leg.1.dicentem quod magis creditur duobus testibus in specie deponentibus, quam pluribus deponentibus in genere, sequitur Dec.cons.454.& Hipo. in prat.crim.§.diligenter.num.198.& cōs. 3.num.22.& cons.44.num.2[illegible].& seq.& in.l.de minore.§.plurium.nu.100. ff.de question. Boss.de malef.sub tit.de inquisitio.num.35. cum igitur contra has probationes bonæ famæ apareat de veritate quod ipse suscitauit homines burgi vt deficerent ad Ducem Parmæ, conuersatus est cum Iulio Cibo, conducebat milites, & demum quod ipse aufugit audita captura Iulij Cibo, qui ipsum Com. Scipionem nominauerat pro complici,& coniurato suo,& denique se transtulit ad seruitia Gallorum tunc hostium accerrimorū CAESARIS, proculdubio generalis illa bona fama elisa est, per hæc specialia delicta ample probata, vt in facto præsuponitur, concurrente maxima iniuria (si iniuria dici poterat quod iuste actum erat) quam passus fuerat ob mortē fratrū suorū, deuastationem domus, & confiscationem bonorum suorum, quæquidem ipsum reddebāt infensissimū inimicū CAES. & Reipub. Ianuen. Quæquidem inimicitia tam grauis,& capitalis comprobat efficacissime omnia alia inditia contra eum clamantia, vt per Specu.in tit.de præsump.§.species. vers.sed pone. P.minatus est T. maxime in delictis occultis, vt ibi per eum,& per Bar.in.l.fi.in pen.col.ff.de quest.& Ang. in.l.fi.pen.col.C.de quest.cū concord. vt per Hipol.in prat.crim.§.diligenter. num.70. & Grammat.cons.3.num.5.& cons.22. num. 7.& alibi sæpe.

Secundo nixus est probare Com. Scipio quod Romæ existens in domo Marchionissæ, se continebat domi timens insidias inimicorum, atque ideo ipse non conuersabatur cum ministris Regijs, prout faciebat Iulius Cibo, cum quibus tractaret rebellionē, sed exaduerso in facti narratione,& informatione

tione mihi exhibita dicitur hoc concludenter probatum non fuisse, videlicet quod semper se continuerit domi, neque vnquam exiuerit, nam potuit esse quod testes examinati viderint eum in domo,& nunquam viderint extra domum pro tempore quo cum eo fuerunt, sed non ideo sequitur, quod alio tempore,& per alios testes non potuerit conuersari,& videri cum ministris Regijs,& ideo testes examinati non probant negatiuam, quia non remouent actum à sensu, scilicet quod non potuerit cõuersari, & tractare qđ ipsi non vidissent, sed remouent sensum suum tantũ ab actu, idest quod ipsi non viderunt, ideo talem negatiuam non coarctatam loco,& tempore cõtinuo, non probant, vt declarant Bal.&Paul.in.l.2.C.de bon.possess.secundum tab.& Alex.cons.65.col.2.& cons.141. col.5. in pri. & idem Bal. in.l. optimam,C.de contrahen.& com.stip.& non probarent etiam si de ratione non fuissent interrogati, vt per Alex.in.l.1.col.1.ff.si quis ius. dicen.non obtemp.& Dec.in.d.l.2.& in.c.tertio loco.de probat.col.5.&cons.101.col. pen.& tradũt Doct.in.l.actor.C.de probat.nõ enim semper potuerunt testes esse præsentes,& astare Co.Scipioni, die noctuque, vt considerat Bart. in.l.1.§.hoc interdicto.vers.vlterius quero.de itin. actuque priua. & Alex. cons.43.col.2.vers.tertio.& col.4. vers.quartus vero. & cons. 141. col. 5. vers.dictus Paulus.in pri.Dec.cons.534.col.vltima.& alibi sæpe.Præterea tollitur omnis difficultas circa hanc probationem, quia imo in facto præsuponitur probatum parte reorum, quod imo Co. Scipio cõuersabatur quotidie,& omni tempore cum Iulio Cibo, cum ambo in domo Marchionissæ habitarent,& cum Iulius fuerit notorius rebellis, & capitaliter damnatus, ex tali assidua imo continuà conuersatione arguitur,& ipsum complicem tractatus Iulij Cibo, vt per Bar.in.l. si plures.§. quamuis. &.§. si parens.ff. de admi.tut. c. ad hæc.& ibi Abb.de iudi.c.clericus. 81. dis. c.diffiniuimus. 18.q.2.& optime Card.in Cle.1.in 5.not. de concess. præben. societas enim & conuersatio notam reddit mentem,& cor hominis.c. innotuit. de elect. &.c.peruenit.2.q.7.&.c.sæpe.27.q.1.bona glo.in.l.ædiles.§.si procurator. C.de ædil.edic.&Gand.in tit.de questiõ.in.2.col.quinimo probatum esse etiam asseritur parte reorum, quod Com.Scipio conuersabatur cum ministris Regis Gallorum Romæ clam tamen,& noctu, vel vespertinis horis,& quæ clam fiunt arguunt malam mentem etiam in minoribus, & in alijs qui alias excusarentur.l. si.ff.de rit.nup.l.non existimo. ff. de admi.tut. l. 1.C. de interdic.nup.Rom.cons.406.col.1.Crau.cons.129.nu.11. cum concord.

Tertio nixus est probare, quod antequam se conferret in Galliam Co. Scipio tentauit audiri à CAROLO V. IMPERATORE, & tamen non potuit impetrare vt audiretur, inferens quasi quod ipse tentauit omnia, vt suam innocentiam notam redderet, sed non potuit, reus enim qui sponte se offert Principi, vt purget innocentiam suam, maximum ostendit signum securitatis,& innocentiæ, vt per Cepol.cons.31.col.4.vers.decima, & vltima.& per Hipol.in prat.crim.§.diligenter.nu.204. nam vt inquit Seneca. in malis sperare bonum, nisi innocẽs nemo solet.& dicit tex.in.l.si sorore,

C.de ijs.quib.vt indign.quod innocẽtia præſtat ſecuritatẽ,& inquit Plaut. qui non deliquit decet audacem eſſe confidenter. Verum licet nõ viderim quæ circa hoc probauerit Com.Scipio, tamen in facti informatione video aſſeri nil concludenter fuiſſe probatum, nam eſto quod tentauerit audiri, forte tentabat non vt purgaret,& probaret innocentiã,ſed vt haberet gratiam,quam noluit ei facere CAROLVS, & ideo non probat hoc eſſe, quod ab hoc contingit abeſſe.l.non hoc.C.vnde cogna.l. neque natales.C. de proba.& tamen iſtæ probationes,vt dixi ſupra in præmiſsis huius articuli debent eſſe concludentes. Præterea eſto quod voluiſſet etiam ſe conſtituere in carceribus,& probare innocentiam,cum CAROLVS IMP. id recuſauerit,credẽdum eſt quod iuſta cauſa motus id fecerit,maxime cũ nulla exprimatur cauſa,vt tenet Cin.in.l.fi.C.ſi contra ius. vel vtil.pub.& Abb.& alij in.c.quæ in eccleſiarum.de conſti.& in.c.in cauſis. de re iudi.& in.c.cum inter.col.2.de exep. cum concord. & præſertim. id præſumendũ de CAROLO Principe in omnibus iuſtiſsimo,& præ cæteris clementiſſ. Quinimo ex hoc arguitur quod clare conſtat CAROLO quod Scipio reus eſſet,& ideo noluit in re tam notoria ipſum admittere,ne ſibi daretur occaſio ſeuiendi in eius perſonã,& ſic patet de enixa voluntate CAROLI volentis ipſum omnino puniri,Quinimo in facto probatum præſuponitur quod Com.Scipio perſuaſus fuerit à multis grauiſsimis viris,vt recurreret ad CAROLVM pro venia impetranda, & eius clementiæ ſe ſubmitteret, & tamen ſemper id facere recuſauit, quod ſi ita eſt, apparet quod nedum non probauit quod aſſumpſit, quinimo de contrario probatum eſt.

Quarto ad remouendam præſumptionem coniurationis factæ cum Iulio Cibo,conatus eſt probare inimicitiam cum Iulio Cibo, inferens non eſſe veroſimile,quod cũ inimico ſuo cõſpirauerit contra eorũ Principem, iux. doct. Bart. in.l.1.§.præuaricatorẽ.ff.ad turp.& tradit Ang.in tract.male.nu.27.

Ceterum ad hoc dicitur,in facto falſum eſſe,quod probata ſit inimicitia, quinimo aſſeritur probatam eſſe amicitiam,affinitatem,& aſsiduam conuerſationem, ergo fruſtra diſputaretur de iure, ſi in facto falſum eſt quod ipſe aſſerit,& ideo breuiter ab hac probatione me expediendo dico, quod aut erat inimicitia vere, aut non, ſi non erat prout vere præſuponunt rei non fuiſſe,tunc nulla ſubeſt difficultas quin ceſſet illa præſumptio, quã ex inimicitia volebat inducere, ſi vero fuiſſet inimicitia, tunc dico quod ſtante aſsidua conuerſatione, & familiaritate plene probata per reos, vt in facto præſuponitur, de duobus alterum fuiſſe neceſſe foret,quod ſcilicet aut ſi primo erant inimici,tunc reconciliati fuiſſent,& facti amici,vt in ſpecie inquit Bal.in aut.ſi dicatur.C.de teſt.& per Abba.in.c.repellantur.de accu. & Gramma.voto.30.num.18. aut fuiſſet inter eos colluſio, ſtante tali conuerſatione,vt dicit Bar.in. d.§. prẹuaricatorem.l.1. ad turpil.

Sane plus,& pro veritate dici poteſt,quod ex tali ſola conuerſatione Co.Scipionis cum Iulio Cibo CAESARIS inimico, & rebelli potuiſſet feudo priuari,vt tenet Bal.in.l.liberti.C.de inof.teſta. ſequitur Fel.in.c.repellatur.de tur.de accu.& Rui. in comprehen. feudali §. insuper. & Io.Leonar.inter consilia feudalia Bruni.cons.114.num.80.& dicetur infra latius.

Quinto dicitur per Co.Scipionē, quod quādo ēt cōstaret ipsum fuisse cōplicē delicti cōmissi à Iulio Cibo, nō tamen potest dici quod foret reus Criminis Læsæ Ma.& quod ideo potuerit priuari Castris,& feudis ad ipsum spectāti bus,quia crimen,& tractatus habitus per Iuliū Cibo nō sapiebat Cri.Læsæ Ma.cū nō esset directus tractatus cōtra IMPERAT. vel IMPERIVM, sed ex particulari odio,& inimicitia contra domum Auriam, quo casu nō potest dici Crimen Læsæ Ma.vt tradunt omnes in.l.fi.ff.ad.l.Iul.ma.§. publicorum.in vers.publica autem.inst.de pub.iud.l.pen.C.ad.l.Iul.ma.cum multis concord.adductis per Vallam in cons.suo.1.3.vol.num.15.& plurib. seq.quod cōsilium factum fuit per eum pro ipso Co. Scipione, dum in Senatu Mediolani tractabatur an confiscatio castrorum facta contra. q. Co. Io.Aloisium eius fratrem ob mortem Ill.Iannetini Auria,potuisset præiudicare Com.Scipioni,& in.d.consilio in loco præallegato contendit Valla ostendere,quod illud non fuit Crimen Læsæ Ma.tum quia non fuit cōmissum contra personam CAESARIS immediate,vt ibi multa deducit, tū etiam quia delictum ipsum fuit commissum non animo offendendi CAES. sed Iannetinū,quem particulari odio,& inimicitia prosequebatur,quo casu licet Iannetinus fuisset Consiliarius CAESARIS, & illi astitisset, tamē ob offensam in eum ex speciali odio factam non incurrisset crimen Læsæ Ma.vt per Iser.in.c.1.in vers.bona committentium.col.9.in vers.aduertendum.in tit.quæ sint regal.& plus dicit Sali.in.l.fallaciter. C.de aboli.quod qui prodit patriam non odio Principis principaliter, sed ob alium finē,puta vt patiatur damna non incidit in crimen Læsæ Ma.quē sequuntur Ang. & plures alij relati per Crau.cons.6.num.79.&Capic.decis.130.num.12.cū multis concord.de quibus per eundem D. Vallam.d.cons.1. num.34.cum plur.seq.in 3.vol.quæ non refero breuitatis causa, cum ibi videri possint, ex quibus idem inferri potest in isto delicto, quod dicitur commissum per Co. Scipionem conspirando contra Aurios, & cōtra Rempub. Ianuensem cum Iulio Cibo,Nam esto quod hoc probatum fuisset, non tamen ideo potest dici commisisse reatum Læsæ Ma. cum id fecerit ex particulari odio contra eos excitato ob speciales inimicitias,&præsertim ob occisos fratres suos,non autem vt offenderet IMPERATOREM, & licet posset forte dici,quod offendendo Rempu.Ianuēsem offendebat ēt CAROLVM cuius erat Præfectus clasis,attamen ideo non potest dici incurrisse Crim. Læsę Ma.quia etiam si secundarie Princeps offendatur, attamen modo nō principaliter,nō tamen committitur Crim.Læsæ Ma.vt per Bal. in.l.1. C. de priua.carcer.cum multis concor.adductis per Gigan. in tract.de crimi. Lęsæ Ma.sub tit.qualiter,& à quib. crimen Læsæ Ma. committatur. q. 17.

Verum & ad hoc respondetur,nam primo quod attinet ad id quod ad hoc,vt quis incurrat Crim.Læsæ Ma.oportet quod offendat personam Principis, dico hoc falsum esse,nam &machinando contra consiliarios Principis,put machinatus fuerat Iulius cum Co. Scipione contra Auriam consiliarium, cõmittitur crimen Læsæ Ma.vt habetur in.l.quisquis.in prin. C.ad.l. Iul. ma.& in.c.felicis.de pen.in.6.cum concor.de quibus per Giga.in.d.tit.qua liter,& a quibus.q.14. Neque obstat quod non procedunt prædicta quãdo consiliarius non asſidet lateri Principis, vt dicit Valla.in.d.consi.1. nu. 24. Quia respondetur quod si sola.l.quisquis.consideraretur forte procederet obiectio,sed est etiã.l.1.ff.eo.quæ ponit. & declarat incurrere crimen Læsæ Ma.eum cuius opera dolo malo consilium initum fuerit, quo quis Magistratus Po.Ro. quiúe Imperium potestatemúe habebat occidatur, Ecce quod & qui consilium init vt occidatur Magistratus, vel ille qui à Po. Ro. Imperiũ habet,incurrit hoc crimen,&licet loquatur de Magistratibus Populi Ro.tamen idem de Magistratibus ab IMPERATORE constitutis,& ijs qui ab eo immediate Imperium,& potestatem habent,quia notum est,quod omnis potestas Pop. Rom. lege Regia in Principem translata est, & ideo quod dicitur de Imperio Pop.Rom.dicitur etiam de Imperio Principis,& IMPERATORIS, qui in eius locum succesſit,vt est tex.in.l. 1.ff.de const.Princ.& in.l.1. ff. de off. præfec. prætor. At qui certe constat quod Princeps Andreas Auria,contra quem à Iulio Cibo, & Co. Scipione machinabantur,erat consiliarius CAROLI, & Præfectus clasſis eiusdẽ cum potestate,& imperio,ergo contra eum conspirantes proculdubio incurrisse dicentur crimen Læsæ Ma. ex.d.l.1.ff. eo. & ideo non obst dictum Sali.in.d.l.quisquis.neque dictum Boss.quos allegat Valla,quia loquuntur quo ad consiliarios offensos an scilicet eos offendentes puniantur pœnis de quibus in.d.l.quisquis.quæ videtur requirere asſistentiam ipsorũ consiliariorum Principi,sed non ideo sequitur quod per aliam legem nõ posſit dici incurrisse crimen Læsæ Ma.qui Magistratum, vel habentẽ potestatem, & imperium ab IMPERATORE offendere intendit, prout declarat d.l.1. Præterea dico quod Valla fundamentum facit præcipuum in hoc,qđ memoria rei Læsæ Ma. defuncti,prout erat q. Io.Aloisius frater Com.Scipionis non potest damnari, nisi in casu quo dirrecto persona Principis fuerit offensa,vel eius cõsiliarius facto ipso actualiter ei asſistens,&ita seipsum declarat Valla.d.num.15.& seq.vbi loquitur de offensa personæ Principis, & num.24.vbi loquitur de offensa consiliariorum astantium,nam & eo casu loquitur de memoria defuncti damnanda, vt ipsemet dicit nu.25. cir. fi. quod q.Com.Io.Aloisius occidendo Ill. Iannetinum non incidit in tale crimen,per quod eius memoria damnari posſit,& nulli dubium, quod difficilius damnatur memoria defuncti,quam reus viuens, quia regula est, quod morte delinquentis extinguitur delictum.l.defuncto. ff. de pub. iudi.l.1.& toto.C.si reus vel accu.mor.fuer.& idem Valla declarat.num.16.17.&seq. At in casu nostro non tractatur de condemnanda memoria alicuius defuncti quinimo de damnando delinquente viuo ergo nil obstat.

Secundo respondetur,in facto verum non esse,quod ob priuatas iniurias cõmisserit hoc delictum non animo iniuriandi CAESAREM, quia nulla

poterat

poterat esse priuata iniuria cum Co. Scipione,& Principe Auria, quia imo Com. Io. Aloisius occiderat Ill. Iannetinum, cui se simulabat amicũ,& ideo iniuria ex parte Scipionis non ex parte Auriæ processerat,& in facto dicitur probatum quod omnia agebantur vt Galli occuparent Ciuitatem, & Rempu. Ianuen.& classem Imperatoriam, cuius Præfectus generalis erat Princeps Auria, vt præsuponitur probatum,& euentus in coniuratione q. Com. Io. Aloisij indicauit, cum occupare niteretur prætorium, & portas Ciuitatis Ianuæ, quod nõ erat necessarium ad vindicãdas priuatas iniurias, præsertim cum iam Ill. Iannetinum interfecissent, cuius sanguine & vita satis poterat dici satisfactum integre omni prætensæ iuiuriæ siue vanæ suspitioni quam habere dicebatur Com. Io. Aloisius de vxore.

Tertio respondetur, quod licet non fuissent machinati in Principem, sed tantum in Rempu. Ianuensem,& patriam suam, attamen proculdubio incidissent in crimen Læsæ Ma. nam certum est quod Respu. Ianuensis libera est, & suis legibus viuit, neque superiorem recognoscit, nisi in vim recommendationis,& protectionis, vt etiam supra dictum est, quo casu communis est opinio, quod congregans gentes, & moliens contra Ciuitatẽ non recognoscentem superiorem,& eandem patriam suam dicitur reus Læsæ Ma. vt in terminis tenet Bart. in. l. 2. ff. ad. l. iul. ma. & sequitur Alex. in. l. 1. eo. tit. in addi, incip. alia Ciuitate.& tenet etiam Ang. in tract. malef. in vers. che hai tradita la tua patria. in vers. quero aliquis congregat. num. 2. idem tenet Afflict. in. c. 1. §.& bona cõmittentium. nu. 55. in tit. quæ sint regal.& sequitur Paul. Castr. cons. 171. num. 6. in. 1.& Alex. cons. 13. num. 3.& seq. in. 6. vbi etiã quod committitur crimen Læsæ Ma. contra quamcũque legitimã Remp. etiã inferiorem à Romana,& Soc. cons. 22. nu. 6. in. 1.& cons. 57. nu. 14.& 15. in. 4.& cons. 120. col. 2. vers. ad hanc. præsertim cum probatum præsuponatur in facto, quod voluerint Dominium ipsis Reipub. occupare,& idẽ tenet Gig. tandem in tract. de crim. Læsæ Ma. sub tit. qualiter, & à quib. crimen Læsæ Ma. committatur. q. 23. num. 2.& seq.& q. 24. num. 2.& seq. vbi ita concludit, & conciliat opiniones contrarias, cũ igitur isti voluerint patriam occupare,& tradere Gallis, certum est quod crimen Læsæ Ma. commiserunt,& præsertim ex quo non tractatur hic de damnanda memoria defuncti, neque de priuandis filijs eius, quibus casibus maior posset esse dubitatio, sed tractatur de puniendo ipsomet delinquente viuo, quia proculdubio quicunque machinans contra Principem, vel Rempu. etiam inferiorẽ reus est Læsæ Ma. quo ad alias pœnas, vt per Guid. Pap. q. Delphin. 344. incip. pone aliquis.& Andr. Sicul. cons. 70. col. 12. vers. capio primum. in. 4.& Brun. Hasten. cons. 28. num. 3. Nellus in tract. banni. in. 1. parte. 2. temporis. q. 18. Cepol. cons. 17. col. 3.& seq.& Crau. cons. 224. nu. 6.& Valla met cons. 88. num. 1.& 2. in. 2.& quando de iure id nõ foret receptum, prout est, attamen de facto ita videmus quotidie seruari per quoscunq; Principes,& quascunque Respu. vt in terminis ita de facto seruari inquit Pau. de Cast. in. l. 3. C. de Epis. audien. num. 6. vbi dicit quod Bononiæ etiam ita seruabatur, vt

rebellis

rebellis contra illam Ciuitatem puniretur Crimine Læsæ Ma.sequit.Bru, d.cons.28.num.3.& Cepol.cons.17.num.19. vbi dicit de consuetudine hoc seruari in Italia,sequitur Soc.iun.cons.105.nu.24.in.3.& Alcia.cons.456. in prin.& Clar.sentent.recep.lib.5.§.Læsæ Maiest. vers. dubium est.

Sexto dicitur etiam per Com.Scipionem,quod non potuit de tali crimine,& machinatione commissa contra Rempu. Ianuensem patriam suam puniri per CAROLVM, siue eius Delegatum, quia fuit etiam de eodē punitus ab ipsamet Republ. Ianuensi, quæ in hoc præuenit iurisditionem, quia de eodem crimine non potest sæpius queri.l.licet.§.fi.ff.nau. caupo.stab.l. in delictis.§.si detracta.ff.de noxal.Bal.in.l.1.in.2. col.C. vbi de crim. agi. opor.vbi dicit quod damantus in vno loco,puta originis,non potest postea in alio damnari,puta delicti,tradunt Cano.in.c.de his. de accus. & Abb. in c.at si cleric.3.col.de iudi.

Verum ad hoc facilis est responsio,si vera sunt quæ in facto narrantur, videlicet quod non fuit condemnatus Com.Scipio per Rempu.Ianuensem propter hoc delictum,sed propter alia,ideo ex diuersis non fit illatio.l. papin. exuli.cum concor. ff. de minor. & licet circa hoc plura etiam possent dici quod scilicet p̄uentio locum non habet contra supremum Principem, itē quod præuentio non tollit iurisditionem nisi opponatur,& simil. attamen quia non vidi processum,neque sententiam Reipub. qua fuit condemnatus Com.Scipio,& quia certo asseritur quod non fuit à Rempublica damnatus ob delictum Com.Iulij Cibo,ideo non insisto vlterius circa hoc.

Septimo dicitur ad excusationem Com.Scipionis,quod non potest dici commisisse Crimen Læsæ Ma. contra CAROLVM IMPERAT. quia non erat ipsius subditus,sed Reipublicæ Ianuensis,quia hoc Crimen Læsæ Ma.non potest committi nisi per subditum,iux.tex.in clem.pastoralis. vbi glo.in vers.non fuit.de re iud.& per Bal.in.l.2.C.de fals. mone. cum multis concord.adductis per Vallam cons.4.num.1. & seq.in.1.& in.d.cons.1. facto in terminis nostris pro Com.Scipione.nu.26.& seq.in.3.qui in specie super hoc multum se fundat ad probandum quod neque etiam q.Com.Io. Aloisius potuit dici commisisse Crimen Læsæ Ma.cum non foret subditus CAROLI, vt ibi late per eum. Neque obstat quod haberet plura castra in feudum ab IMPERATORE, quia illud non releuat ad inducendū Crimen Læsæ Ma.modo non sit subditus ratione originis,vel domicilij, & tradit etiam Gigas.in tract. de crimi. Læsæ Ma.sub tit. qualiter,& à quib. Crim.Læsæ Ma.com.q.68. quæ est vlt.illius tit.

Ad hæc autem respondetur,quod præsuposito vero,non tamen concesso contrario,attamen non potest negari, quin saltem quo ad feuda, quæ tenebat ab IMPERATORE, potuit ipsis feudis priuari, dato quod non esset subditus ratione originis,& domicilij,vt in specie tradit Card.in.d.cle.1.§. denique.in.4.5.&.6.q.& ibidem Bonif.de Vital. num.44.& hoc expresse etiam tenet Boss.quem Valla.adducit pro præcipuo in tract.malef.sub tit. de Crim.Læsæ Ma.num.106.cir.fi.dum dicit quod feudū possidens dicitur

subditus

ſubditus Domini feudi quo ad feudum ipſum,vt poſsit eum priuare feudo, & cum nunc nõ agatur de pœna corporali,ſed tantum de caſtris, quæ Co. Scipio poterat habere ab IMPERATORE in feudum, ſatis eſt quod felloniam dicatur cõmiſsiſſe,& ideo feudis potuerit priuari, & præſertim ex eo quod cum inimicis IMPERATORIS amicitia contraxerit,quo caſu proculdubio priuandus fuerat omnibus feudis,iux.glo.in.l.1.§.cũ patronus.in verſ.cum inimicis.ff.de off.præfec.vrb.& in.l.liberi. in verſ.amicitias.C.de inof.teſta. & in.c.1.§. item ſi fidelis.in verſ. concubuerit.in tit. quib.mod.feud.ami.& in.c.1.§.porro.in verſ.aſſalierit quæ fuit prima cau. bene.ami.& eſt tex.in.c.1.in tit.quot ſunt teſtes neceſſarij ad prob. ingra. & cõſuluit Io.de Ana.conſ.7.col.2.verſ.præterea.& Soc.conſ.87.verſ.capio nunc quartam difficultatem.in.3. Quod enim Vaſallus ob delictum in Dominum factũ priuetur feudo, hoc eſt de natura ipſius feudi, quę ipſum feudum concomitatur,vt inquit Afflic.deciſ.282.nu.15. & Rub.Alex.cõſ. 76.num.4.& Pariſ.conſ.21.nu.54.in.1.Cur.iun.in tract.feud.parte.5.nu. 2.verſ.poteſt reſponderi.ideo Dominus poteſt priuare Vaſallum feudo, & alteri concedere,vt per Corn.conſ.96.in.4.& p Pariſ.conſ.1.nu.120. in.1.

Secundo reſpondetur,quod cum nõ poſsit negari,quod tractatus Iulij Cibo non tenderet contra Rempu.Ianuenſem cõmendatam protectioni IMP. & cum eo confederatam,ergo potuit puniri Crimine Læſæ Ma.tãquam ſi fuiſſet ſubditus IMPER. vt dicit Bal.in.l.2.col.antep. verſ. & nota.C. de ſeru.&aqua.& Bar.in extrauag.qui ſint rebelles.verſ.rebellando.nu.7. & 8.vbi ita intelligit clem.paſtoralis.de re iud.in cõtrarium adductã,quod ſcilicet ſi IMPERATOR, condemnaſſet Regem Robertum ſubditũ Papæ tanquam confederatus Papæ potuiſſet id facere, & ideo dicit Bal.in rub.de treg.& pace. quod datur mutua iuriſditio in rebelles confederatorum,& idem tenet Pet.de Anchar.conſ.158.col.2. & Brun. conſ.86.nu.7. & per Sigiſmun.Lofred.conſ.5.nu.34.& eſt ratio ſecundum eum ibi,quia confederatio eſt tantæ potẽtiæ quod de duobus corporibus vnum facit ad mutuam defenſionem,& eſt arg.in.c.damnamus.extra de ſum. Trin. & fide catho.& in.c.1.de poſtul.prælat.ibi qui Regi tunc temporis adherebat. & in.c.cum queſt.de ſent.excom.cum concor.de quibus per Fel.in.d.rub. de tregu.& pace.nu.20.ſequitur etiam Gig.in tract. de crimi. Læſæ Maie. ſub tit.de rebellibus.q. 21.

Tertio reſpondetur,quod contraria non procedunt quando non ſubditus ſubditos IMPERATORIS ſollicitauit ad defectionẽ contra ipſum IMPERATOREM, iux.l.vtrum.ff.ad.l.pomp.de parici.ibi proinde conſcij,& extranei eadem pœna. & in.§. alia.inſt. de pub. iud.ibi vel conſcius criminis exiſtens,& ibi not.Io.Faber.& ita in ſpecie limitat. d.clem.paſtoralis.Io. Igne.in.l.neceſſarios.§. non alias.num.417.ff.ad ſilla.licet de ea deciſione dubitet Gig.in tract.de crim.læſæ Ma.ſub tit.qualiter, & à quib. crim.læſæ Ma.cõ.q.68.nu.6.ſed Scipio,vt probatũ eſt ſollicitauit ſubditos IMP. vt rebellarẽt,& ſe Duci Parmæ dederẽt,vt p̃ſuponitur ꝓbatũ, ergo.

Sed

Sed quidquid sit de hac limitatione, illud tollit omnem difficultatem, quod saltem quo ad priuationem feudorũ, potuit CAROLVS, vel eius Delegatus iuste sententiam suam proferre contra eum, & hoc tollit omnem difficultatem huius exceptionis, & defensionis. Et præterea iam constat quod Iulius Cibo, dato quod non foret immediate subditus CAROLI, respectu domicilij, & originis, tamen ex hac causa fuit per sententiam, pro qua semper præsumitur, decapitatus.

Octauo dicitur pro defensione Com. Scipionis, quod tractatus, & cõspiratio facta per Iulium Cibo non fuit exequuta, neque effectũ est sortita, sed tantum in finibus cogitationis permansit, ergo non potuit vti reus Læsæ Ma. condemnari, cogitationis enim puræ nemo pœnam patitur in foro cõtentioso. l. cogitationis. ff. de pen. c. cogitationis. 1. dis. & est ratio quia voluntas in mente retenta nihil operatur. l. cum quid. ff. si cert. peta. l. quidam cum filium. ff. de hered. inst. c. 1. ibi licet voluntatem habuerit. & ibi glo. & Panor. de eo qui mit. in possess. cau. rei seruan. cum concor. & videtur in materia tex. in. c. 1. §. si voluerit. in tit. de cap. qui cur. vendi. vbi dicitur quod si vasallus Dominum offendere voluerit nil tamen fecerit, nõ ideo amittit feudũ, affectus enim nõ sequuto affectu nõ punitur. l. si quis non dicã rapere. C. de Episc. & cler. vbi omnes. & probat tex. & ibi ẽt scrib. in. l. fi. ff. qđ quisq; iur.

Respondetur autem, quod licet contrarium sit regulariter verum, attamen fallit in hoc crimine Læsæ Ma. propter atrocitatem delicti, quia in hoc crimine sola voluntas, etiam quod ad actum non peruenerit, punitur, vt probatur per tex. in terminis in. l. quisquis. in prin. ibi eadem enim seueritate voluntatem sceleris quã effectum puniri voluimus. C. ad. l. Iul. ma. & in specie tenet Ang. in. l. 1. §. hæc verba. in fi. ff. quod quisque iur. & Afflic. in. c. 1. §. si voluerit. num. 5. in tit. de capita. qui cur. vendi. & in. c. 1. §. & bona committentium. num. 86. in tit. quæ sint regal. & satis probat hoc tex. in. l. 4. in prin. ff. ad. l. Iul. ma. idem tenet Sigismund. Lofred. consl. 21. num. 8. & ante omnes Iacob. de Aren. in. l. si quis non dicam rapere. C. de Epis. & cler. Gig. sequitur in tract. de crim. Læsæ Ma. sub tit. qualiter, & a quib. crim. Læsæ Ma. com. q. 52. & q. 66. & est etiam bonus tex. in. §. publica. vbi glo. in vers. moliri. inst. de pub. iud. & tenet hoc etiam Bal. cons. 133. in. 4. vbi quod solus tractatus sufficit, & tractare est incipere loqui, vt inquit Bal. & Sali. in l. multum interest. C. si quis al. vel sibi. voluntas enim est deliberatio animi intelligentis, & acceptantis id quod vult, vt inquit Bal. in. l. emptis. col. 3. vers. modo venio ad questiones. C. de cõtrahen. emp. Et generale est, quod in atrocioribus punitur affectus nõ sequuto effectu, vt per Ang. cons. 14. & Bolog. cons. 8. in fi. 2. coll. & sequitur in specie nostra Læsæ Maie. Boss. in tract. crim. sub tit. Læsæ Ma. num. 43.

Secundo respondeo, quod imo deuenit Co. Scipio ad actum, consulendo cũ q. Iulio Cibo, & cum eo tractando, quomodo machinationem suam ad actũ deducerent, vt probatum præsuponitur in facto, quinimo sola sciẽtia cum taciturnitate facit quem reũ criminis Læsæ Ma. l. quisquis. C. ad. l. Iul. ma.

ibi

ibi conſcijs,&tradit Bar.in.l.vtrum.ff.ad.l.pomp.de parric.vbi in ſpecie loquitur de ſciente turbationem Ciuitatis ſuæ,& licet Io.de Plat.in.§.publica.inſt.de pub.iud.referat Bal.in quodam ſuo conſilio tenuiſſe cōtra Barr. tamen Aret.in tract.de malef.in verſ. che hai tradita la tua patria.num.11. ante verſ.ex quo ſequitur.dicit quod opinio Bar.ſeruatur in pratica,& ſequitur etiam Capic.deciſ.130.num.65.& Aug.de Arim.in addi. ad Ang.de male.in.d.verſ.che hai tradita la tua patria.dicit quod ipſe in pratica ſeruauit opinionem Bartoli,&quod per eam iudicauit quendam fore decapitandum,quia non reuelauit Principi quendam tractatum contra eum factum, & idem tenet etiam Rom.ſing.794.incip.nunquid.& Pet. de Anchar.cōſ. 277.col.1.verſ.item dicit ibi tex.quod eſt repetitum.conſ.439. & idem tenet Soc.conſ.22.col.2.verſ.item probatur quia conſcius.1.vol. & probatur etiam ratione,quia ſicut reuelans conſilium populi dicitur hoſtis,& proditor,& committit crimen Læſæ Ma.vt docet Ang.in.l. athletas.§. calumniator.ff.de infam.pari ratione videtur, quod non reuelans tractatum contra Dominum,vel populum committat idem crimen, vt cōtrariorum eadē ſit diſciplina,iux.l.& ſi contra. ff. de vulg.& hoc idem tenet etiam Gig. in d.tract.de crim.Læſæ Ma.ſub tit.de rebel.q.23.in fi.& ſub tit.de var.queſt. q.2.circa med.& Boſſ.ſub tit. Læſæ Ma. num.48. & ſeq.

Tertio etiam reſpondetur,quod non modo ſtetit Com.Scipio in terminis ſimplicis ſcientiæ,ſed & ipſe congregauit, & congregari adiuuit homines armatos ad hunc finem , vt tractatus initus exequutioni mandaretur , ergo ſi non teneretur l.Iul.ma.teneretur de vi publica,etiam non ſequuto effectu.l.3.ff.de vi.pub.Bar.in.l.1.col.fi.ff.ad.l.Iul.ma. quod procedit etiā ſi ad nullum alium actum proximum effectui deueniſſet. vt dicit Ang. in.d.l.3. per illum tex.& idem Ang.in.l.prætor.la ſecunda.§.eritque.ff.vi bon.rap. & pœna eſt etiam publicatio bonorum,vt eſt glo.in.l. qui dolo. ad fi.ff. ad l.iul.de vi pub.& glo.etiam in.l.2.C.eo. tit.

Quarto dicitur,quod clariſsime probatur tractatum nō extitiſſe in puris terminis cognitionis,& ſciētiæ,quia exitus acta probat,vt habetur in.1.conſti. florū.in fi.& in.l.aut facta.§.euentus.ff.de pen.in.l.nō intelligitur.§.quando autem.ff.de iur.fiſci.l.rem non nouam.§.fi.C.de iud.l.iure noſtro.§.fi. ibi euentus iudicatæ rei declarabit.ff.de teſtam. tut.l. qui res.§.1.2. &.3.ff. de ſolut.l.quædam.ff.de reb.dub.cū concor. Exitus autem fuit,quia Iulius Cibo fuit detentus,& mediante iuſta ſententia decapitatus,&audita captura Iulij ſtatim Co. Scipio fugam arripuit,& ad Gallos ſe recepit, vt eſt probatum,quæ acta non fuiſſent, ſi tractatus in ſimplici cogitatione reſediſſet, quo caſu nulla contra eos extitiſſent inditia,quæ tamen extiterunt, & illis mediantibus Iulius confeſſus eſt,& condemnatus poſtea, neque Co.Scipio fugā arripuiſſet euitādo ditionē CAESARIS, fuga enim arguit reatū, vt per omnes in.l.fi.ff.de queſti.& in.l. lege Cornelia. ff. ad ſillan.cū multis cōcor.de quibus ꝑ Hip.in pra.crim.in.§.diligēter.nu.41.&iux.illud puer. 28.fugit impius nemine ꝑſequente,iuſtus quaſi leo confidens abſq; timore.

M Nono

Nono etiam pro Com.Scipione dicitur, ipsum non potuisse condẽnari, quia ad condemnandum Vasallum de fellonia requiruntur quinque testes summæ, atque integræ opinionis, vt est tex.apertus.in.c.1.quot testes sunt necess.ad proban.feud.ingra.in vsi. feud. qui tamen non possunt dici interuenisse in præsenti casu. Verum & ad hoc respondetur Primo, quod ille tex. non est autenticus, ideo glosa non glosauit illum tex.& propterea non seruatur eius dispositio, vt dicunt omnes in.c.1.§.si voluerit. de cap. qui cur. vendi.& omnes in. d.c. 1. quot testes sunt necess. Quinimo ad probandum tale crimen sufficiunt testes singulares, vt per Ancha.cons.277. col,3.vers. quoddam est factum,&Bal.in.l.1.C.qui num.tut.Ang.cõs.270.col.3.Albe. in.l.iustam.C.de probat.Boss.in tit.Læsæ Ma.num.117.& Gigas.in tracta. de crim.Læsæ Ma.sub tit.quomodo,& per quos crim. Læsæ Ma. probe.q. 8.vbi multa adducit. Imo vnicus testis facit inditium, vt tradit Alberi.in.l. in question.ff.ad.l.iul.ma.& Bal.in.l.milites. C. de question.& omnes in.l. si quis.C.ad.l.Iul.ma.cum alijs de quibus per Gig. in tracta. de crim. Læsæ Ma.in tit.quomodo,& per quos crim. Læsæ Ma. probe.q.25. & socius etiã criminis admittiur,& probat vt latissime deducit,& comprobat idem Gig. d.tit.quomodo,& per quos.q.7. Et postremo aduertendum, quod quando etiam tex.in.d.c.1.in cõtrarium adductus foret authenticus,& seruaretur, procederet tamen in terminis suis, videlicet quãdo tractaretur tantum de fellonia contra Dominum inferiorem, secus si contra Principem, vel patriã, quia offensæ factæ in Principem, vel in patriam grauiores sunt,& ideo plura habent specialia, vt per omnes in.l.quisquis.C.ad.l.iul.ma. & per Math. de Afflict.in.d.c.1.§.committentibus.

Decimo pro defensione etiam dicitur, quod Com.Scipio, neque subditus erat CAROLI, vt supra dictum fuit, neque etiam erat eius Vasallus, quia nõ possidebat feuda ab eo habita, nam ex testamẽto paterno q. Io.Aloisius vti primogenitus possidebat omnia feuda, quo defuncto deuenerunt ad maiorem natu, videlicet ad q.Com.Hieronimum, iux.eandem patris ordinationem, demum mortuo Com. Hieronimo deuenerunt in Com. Ottobonum maiorem natu se, qui Ottobonus defunctus est quatuor annis post sententiam latam contra personam Co.Scipionis, ex quo facto duæ oriũtur conclusiones, Prima quod non potuit Com. Scipio committere crimen Læsæ Ma.contra CAROLVM, cũ neque ratione originis, aut domicilij, neq; ratione feudorum, quæ nõ possidebat esset sub eius ditione,& illi in aliquo subditus, vt habetur in.c.1.quibus modis feud. amittatur per totum. Secunda resultat conclusio quod licet Comes Scipio bannitus fuerit cum confiscatione bonorum, non potest dici amisisse feuda, quæ non habebat, cũ priuatio præsuponat habitum.l.decem.de verb.obli.cum vulgar. Et publicatio bonorum non porrigitur ad futura. l. si tibi mandauero. §. is cuius. ff. manda.not.per glo.in.l.nam ad ea.ff.de condi.& demons. Bar.in.l.1.col.fi. de bon.damna.Alex.in.l.3.§.illud.ff.quod quisque iur.Nellus in tract.bãni in.1.par.2.temporis.q.18.& per Alex.cons.15.in fi. & cons.75. nu.12.in pri.

Adde

Adde quod cum ista bona fuerint subiecta fideicommisso Comitis Sinibaldi patris de licentia IMPERATORIS facti, cumque conditio dicti fideicommissi, quæ erat vt transirent hæc bona de primogenito in primogenitum, non fuisset adhuc purificata in personam Comitis Scipionis, non potuerunt venire in publicatione, & ideo fisco acquiri, vt tenet Bal.in.l.etiam.ante fin.versi.& nota quod si omnia bona.ff.ad.l.fal.Ange.de malefi.in vers. & eius bona publicamus. vers. & nota quod facta dicta publicatione.& Roma.consi.247.nu.2.maxime quando tale ius conditionale venit ex vltima voluntate,non ex contractu,vt declarat Alex. in.l. si marito.post prin.ff.sol.matri.& in d.l.3.§. illud quoque.ff. quod quisque iur.ad fin.& Rom.sing.170.incip. glo.ordinaria.Quinimo etiam si sit delata hæreditas banniendo, & postea sit bannitus cum confiscatione bonorũ, illud ius adeundi non transit in fiscum, vt pluribus comprobat Nell. in d.tract.de bann.in prima parte.secundi temporis.q.30. cum concor.vt per Dec.consi.438.nu.5.& seq.& consi.445.nu.66.& consi.462.nu.19.

Ad primam tamen respondetur,quod imo Com.Scipio in facto erat subditus CAROLI resp. originis, quia natus erat in Burgo uallis Tari, qui locus erat feudum Imperiale,vt in facto præsupponitur,ergo ratione originis satis dicitur subditus,vt possit dici commisisse crimen læsæ Ma.vt videtur probari tex.in clem.pastoralis.in vers.rursus.vbi etiam glo.in vers.originem.de re iud. quam glo. ibi sequitur Card.& Petr.de Anchar.& Alberic.in.l.quisquis.C.ad.l.Iul.Ma.& hoc pluribus.Boss.in tracta.crim. sub titu.læsæ Ma.nu.95. & seq. Item dicitur esse subditus ratione delicti, quia cum subleuauerit, & incitauerit, ac persuaserit hominibus dicti loci Burgi, vt deficerent à CAESARE, & se dederent Duci Parmæ, ratione etiam delicti potest dici subditus, vt scilicet possit puniri pro crimine in eo loco commisso,& præsertim ratione ipsius feudi,dato quod in cæteris non posset dici subditus,vt declarat glo.communiter approbata in clemen.vnica.in vers.subditos.de foro compe.& Dec.in.c.ad nostram.col.5.vers.quis autem dicatur.de appella.& not.in.c.transmissa.&.c.verum. de foro compe.& in.l.fi.ff.de accu.& in.l.1.C.vbi de crim.agi.opor.& tradit Boss. in loco præallegato.nu.96.ergo potuit crimen læsæ Ma.committere. Item & ad hanc excusationem respondetur omnibus alijs modis, quibus respõsum fuit ad septimã exceptionẽ pro innocẽtia, quæ hic pro repetitis habeãtur.

Ad secundam conclusionem supra collectam, quod cum non possideret feuda non potuit illis priuari,quæ non habebat,& quod ideo sententia confiscationis bonorum lata contra Com. Scipionem non potuit feuda illa comprehẽdere,quæ ipse neq; ciuiliter,neq; naturaliter tunc possidebat, & præsertim cũ adhuc non forent delata, quia viuente fratre non erat purificata conditio fideicõmissi paterni, & ideo non potuerunt transire in fiscum.

Respondetur, quod præsupposito etiam,non tamen concesso,quod hæc bona propter vim fideicommissi non venirent in publicatione bonorum, attamen ex quo tempore quo euenit conditio,hoc est tempore mortis Com.

Ottoboni, ipse Com. Scipio erat bãnitus pro Crimine Læsæ Ma. cum confiscatione bonorum, ergo adueniente conditione fuit incapax substitutionis, ergo in d. fideicommisso se fundare non potuit. Nam bannitus Crimine Læsæ Ma. & cum confiscatione bonorum deportato, non relegato equiparatur, vt est glo. vulg. in. §. relegati. inst. quib. mod. ius. pat. potes. sol. & glo. in. c. Domino guerram. in princ. in tit. hic finit lex Corad. vbi etiam Andr. de Iser. & alij, & Spec. in tit. de instru. edi. §. compendiose. vers. quid de bannito. cum concor. vt per Alex. in. l. ex facto. ff. ad treb. & in cons. 116. nu. 3. in. 2. & per consequens amittit omnia quæ sunt iuris ciuilis, & pariter est incapax successionis alicuius, vt not. in. l. 1. ff. de her. inst. & in terminis in. l. quisquis. C. ad. l. Iul. ma. nam si filij rebellis ob paternum delictum amittũt successionem etiam extraneorum, vt dicitur in. d. l. quisquis. §. filij vero. multomagis & pater verus reus ipsius criminis, & in terminis tradit Gig. in tract. de Crimi. Læsæ Ma. sub tit. de pœn. commit. Crim. Læsæ Ma. q. 31. & præter eum Soc. cons. 22. col. 3. vers. ex quibus conclusionibus est. sub nu. 7. & seq. in. 1. vbi in terminis loquitur, dicens quod si condemnatus hoc crimine amittit omnia bona ipso iure iam acquisita, ergo multomagis acquirenda, & hanc conclusionem ibi pluribus alijs cõprobat quæ videri possunt. Quod autem successio in feudis sit de iure ciuili clarum est, vt per Bart. in l. iurisgentium. §. quinimo. ff. de pact. vbi etiam alij, & in. l. legitima. eo. tit. & in. l. ex hoc iure. de iust. & iur. & omnes in prælud. feud. & ista sunt clarissima, quia fiscus quo ad Com. Scipionem, qui succedere non potuit, liberas ædes habet. l. loci corpus. §. competit. ff. si serui. vendi. cum concord.

Secundo respondetur, quod imo tempore sententiæ latæ contra Co. Scipionem erant iam sibi delata ista feuda, si vera sunt quæ parte eius infra etiam opponuntur, quod scilicet facta confiscatione cõtra Feudatarium bona ad agnatos proximiores transeunt, licet & hoc falsum sit in terminis nostris, vt infra dicetur, attamen pro nũc præsuposito quod id verum esset, sequeretur quod ex quo lata erat sententia CAROLI contra Io. Aloisium, & fratres, qua fuerãt declarati rebelles, & priuati feudis sequeretur, quod immediate transissent ad ipsum Scipionem, qui tunc non fuerat damnatus, iuxta nota. per Bar. & alios in. l. si finita. §. de vectigalibus. ff. de dam. infec. cũ alijs adductis per Vallam consulentem pro Com. Scipione in. d. cons. 1. nu. 31. in. 3. & per consequens confiscatis bonis d. Com. Scipionis per sententiã Delegati postea latã, intelliguntur & ista feuda, si ad eum fuisset deuoluta cedere confiscationi, & per consequens transire in fiscum, quia non erant tunc bona in futurum acquirenda, sed iam acquisita per prædicta.

Vndecimo dicitur etiam parte Com. Scipionis, & ad eius defensionem, quod ex delicto Co. Io. Aloisij, & fratrum non potuit ipse priuari, cum nil in eo facto commisisset, & ideo priuatis illis, feuda omnia deuenerunt ad ipsum Com. Scipionem, ex natura primæ inuestituræ, & sequentium, in qua fuerunt omnes descendentes qui maiores natu forent vocati. Quo casu condemnato, & priuato vno non reuertitur feudum ad Dominum, sed transit ad ad alios agnatos, vt modo dicebam per doct. Bar. in. d. l. si finita. §. si de vectigali. cum alijs adductis per Vallam. d. cons. 1. num. 31. in. 3. & præter eum est glo. magn. in. c. 1. §. 1. in tit. de succes. feud. & in. c. 1. in tit. si Vasall. feu. priu. & Andr. de Iser. in. c. 1. §. fi. in tit. quæ fuit prima cau. bene amit. & Cur. in tract. feu. in. 5. parte prin. col. 1,

Attamen ad hoc facile respondetur, quod imo contraria opinio, quod scilicet priuato Vasallo propter rebellionem, vel Crimen Læsæ Ma. commissum contra Dominum feudi, priuati intelligantur etiam agnati, nō tantum descendentes, est verior, & communis, vt tenet glo. in. c. 1. §. deniq;. in tit. quæ fuit prima cau. bene amitt. vbi Bal. & omnes scrib. & sequitur Alex. distinguendo inter delictum commissum in Dominum, vt scilicet Dominus priuaretur feudo, vel quando commisit Crimen Læsæ Ma. & inter priuationem feudi ob alienationem irrequisito Domino. in cons. 30. num. 13. vers. & idem tenet Andr. & rursus. num. 17. vers. nec obstat quod dicit Bal. 1. vol. & tenet etiam Afflic. in decis. Neap. 385. col. 2. & hanc dicit communem in iudicando sequendam Iacobi. in tract. feud. in vers. dictique Vasalli. col. 16. vers. videamus nunc. in fin. tract. sub nu. 58. & Cur. iun. in tract. feud. in. d. 5. parte. q. 1. &. 3. vbi etiam dicit hanc esse cōmunem, & demum hanc communem esse dicit, & eam sequitur Paris. cons. 21. num. 52. in. 1. & istā etiam dicit communem maxime intra quartum gradum agnatorum. Rui. cons. 23. num. 35. in. 5. Cepol. cons. cau. ciuil. 58. num. 8. & Gozad. cons. 84. nu. 3. & Rub. Alex. cons. 76. num. 3. & Soc. iun. cons. 68. num. 126. & ideo cum sit communis hæc sequenda est, vt late per omnes in. l. 1. ff. si cert. pet. & in. c. 1. de const. & facit ratio quia feudum concessum aliquui, intelligitur semper cum clausula, & conditione secūdum naturam feudi datum, videlicet vt si delictum committatur contra Dominum, feudum reuertatur ad Dominū, & ideo cum feudum à principio fuerit ista conditione affectum, nō possunt conqueri agnati, qui ex persona delinquentis succederēt nisi delictum cōmisisset, vt tenent omnes in locis præallegatis, & rationem assignat tex. in d. §. denique. vt habeat Dominus hanc saltem suæ iniuriæ vltionem, vt etiā docet Curt. iun. d. q. 1. & Afflic. decis. Neapol. 282. col. vlt. vers. ego dicebā. & Paris. d. cons. 21. num. 54. Quæ comprobantur omnino ex clausula illa, quæ in omnibus inuestituris apponi solet, & istis certe apposita est, videlicet, Iuribus IMPERII nostri semper saluis, quæ operatur vt feudum ꝑdatur ex causa etiam leui, vt tenet Andr. de Iser. quem refert Paris. d. cōs. 21. num. 55. & comprobat etiam Alcia. cons. 99. num. 27. & seq. quibus addo etiam Curt. Sen. cons. 49. nu. 25. vbi multa adducendo concludit hanc opinionem, quod etiā agnati excludantur, esse veriorem, & magis cōmunem.

Duodecimo adducitur pro Co. Scipione, quod ipse vocatus est ex testamento q. Co. Io. Aloisij senioris, qui primogenituram instituit in his feudis, & voluit quod transirent de primogenito, vel maiore, in primogenitum, vel maiorem, quod quidem testamentum fuit confirmatū ab IMPERAT. ergo ex delicto fratrum suorum non potuit Com. Scipio priuari hoc iure fidei-

fideicommissi,nam in confiscatione bonorum facta contra fratres,non videntur posse comprehendi hæc bona tanquam fideicõmisso subiecta,&successiue d.confiscatio non potuit priuare Co.Scipionẽ substitutum, Quod etiam confirmatur ex testamento Com.Sinibaldi patris Co.Scipion ,q i similiter prælegando ista feuda Io.Aloisio primogenito suo, ipsi substituit reliquos suos filios,& per consequens etiam Com.Scipionem posthumum gradatim de maiore in maiorem,quod testamentum pariter fuit ab IMP. confirmatum,ergo non potuit priuari Co.Scipio hoc iure fideicommissi, cum ista bona fideicõmisso subiecta forent inalienabilia, vt not.per omnes in aut.res quæ.C.communi.de lega.& tradit Alex.cons.23.in.1. cum multis adductis per Vallam,pro Com.Scipione consulentem in sæpe adducto. cons.1.num. 44.in.3. in quo maximum etiam facit fundamentum, ex quo solo etiam ad multa contraria, quæ pro reis faciunt,conatur respondere.

Respondetur verũtamen etiam ad hoc clare,quod neque q.Com.Io.Aloisius senior,neque Com.Sinibaldus potuerunt præiudicare naturæ feudi,vt scilicet propter fideicommissum ab eis institutum descendentes eorum offendentes Dominum non possint feudo priuari secundum naturam feudi, vel quod illi non aperiretur in casibus à iure expressis,vt not.in.c.1.de success. feud.& in.c.quib.mod.feud.amit.&.c.1. quę fuit prima cau.benef. amit.& ideo Vasallus regulariter non potest de feudo testari. iux. d.c.1.vbi omnes de success.feud. Neque obst. quod testamenta hæc fuerint comprobata,& confirmata à Domino IMPERATORE, quia respondetur quod fuerunt confirmata quo ad id vt data successione de iure legitima,& admissibili succederent eorum descendentes secundum eorum dispositionem, sed non ideo consensit IMPERAT. quod committente aliquo ipsorum descendentium aliquod delictum contra ipsum Dominũ,non posset sibi aperiri feudum secundum formam iuris,& in præiuditium d. dispositionũ,quia licet in hoc permisserit contraueniri naturæ feudi, vt primogeniti tantũ succederent,cum tamen omnes regulariter de iure succedere deberent.d. c.1. de success. feudi. non tamen ideo censeri debet IMPERATOR in alijs voluisse derogare,vel præiudicare naturę feudi,quinimo præsumitur voluisse quod in casibus non expressis,&successiue casu quo cõmitteretur fellonia,vel Crimen Læsæ Ma. obseruetur ius cõmune feudorum,vt probatur in.c.1.de feud.non hab.propr.naturam feud. & ibi omnes notant,& præsertim Præpos.& idem tenet Isern.in.c.1.quib.cau.feud.ami. & tradit etiam Bal.in.l.1.q.16.ff.de rer.diui.Cur.in tract.feud.in.1. parte.q.6.col.6. &.7.in vers.ego teneo,& concludo.sub nu.28.idem tenet Calde.cõs.11.sub tit.de feud.& Rom.cons.70.num.2.& Corn.cons.239.nu.4.in.1. vbi consuluit quod licet aliquid concedatur à Domino contra naturam feudi, attamen amittetur ipsum feudum eisdem modis,quibus amissum fuisset,si nil alteratum,vel immutatum fuisset,& Aret.cons.14.nu.3.in fi. vers. pro his facit.dum allegat Iser.in.d.c.1.quib.cau.feud.ami.& Pau.cõs.311.in.1.dub. 1.vol.Dec.in.c.etenim.num.6.in fi.extra de iud.& cons.193. num.5. Paris. cons.

conſ.12.num.26.& conſ.23.num.26.in.1.Sigiſmund. Lofred. inter conſilia feudalia conſ.1.nu.178.Io.Bap.Feret.conſ.40.num.12. & conſ.178. nu.18. & ſtante maxime clauſula illa appoſita in vtraque cõfirmatione, videlicet Saluis ſemper iuribus I M P E R I I, quæ conſeruat omnia alia iura,& per conſequens caducitatem,& deuolutionem,ſiuè aperitionem feudi ad Dominum ex cauſis in iure expreſsis, vt dixi ſupra in fi. præcedẽtis exceptionis,ſiuè defenſionis,& docet Pariſ.d.conſ.21.num.55.in.1. & Gozad.etiam conſ.26.num.48. verſ.ſexto omnino eſt dicendum.

Tertio decimo in defenſionem Co. Scipionis, dicitur quod delictum Co. Io. Aloiſij,quo occidit Ill.Iãnetinũ nõ fuit CrimenLæſæ Ma.ex quo non in odiũ Principis C A R O L I, ſed in ſpeciale odium q.Iannetini,& particulari inimicitia ortũ,id factũ fuit,vt late deducit Excel.Valla in.d.cõſ.1.3.vol.

Sed ad hæc nõ eſt opus multum inſudare circa iuris diſpoſitionem, cũ omnia hæc in facto conſiſtant,nam exaduerſo dicunt rei conuenti, quod imo fuit apertum,& notoriũ Crimen Læſæ Ma.cõmiſſum contra CAES.dirrecto. Primo quia præſuponitur in facto nõ eſſe ex parte q. Io. Aloiſij probatum talem inimicitiam cum Ill.Iannetino,quæ potuiſſet eum ad tãtum facinus perpetrandum ſimul cum duobus fratribus ſuis inducere, præſertim cum imo præſuponatur probatum per reos,quod erat maxima conuerſatio, & amicitia inter eos,quinimo quod die præcedenti tumultum Io. Aloiſius oſculatus fuerat filios Iannetini,ergo non eſt veroſimile, quod tam repente factus fuerit capitalis inimicus,cum conuerſatio frequẽs, & oſculum præſuponantur,& probent amicitiam,quinimo ſi aliqua fuiſſet iniuria præſumitur remiſſa,vt per omnes in.§.fi.inſt.de iniur.& not. in.l.in ipſius. C.fam. herc.Paul.Ang.& Alex.in.l.1.ff.de pact.Bal.in.l.& in epiſtola. C.de fideic. & in.l.filio.C. de lib. & poſthu.

Secundo non eſt etiam veroſimile,quod ſi animum habuiſſet interficiendi ſolummodo Iannetinum, quod voluiſſet in hoc facto implicare etiã duos fratres cum periculo vitæ,& conſiſcatione bonorum,ſed vel induxiſſet vnum ex fratribus ſuis ſolum cum militibus ad id faciendum, qui non poſsidebãt tot bona quot poſsidebat ipſe Io.Aloiſius,vel aliquui alteri amico,vel ſatelliti id mãdaſſet maiori cum cautela,& ſua,& bonorum ſuorum, Hoc enim docet experiẽtia rerum omniũ magiſtra.c.quam ſit.de elect.in.6.quod vbi maius eſt periculum ibi cautius agitur.c.vbi periculũ. eo. tit. & ideo quotidie videmus eos qui homicidia machinantur ex priuato odio,vel mandãt ab alijs ſecreto fieri ſi poteſt,vel ſi plures ſunt,vnus ſuſcipit onus ꝑpetrandi crimen,vt alij ſalui ſint,nam & ſi forte verum eſſet,quod Com.Io.Aloiſius odio haberet Iannetinum propter Zelotopiam vxoris, attamen iſta iniuria præcipue concernebat perſonam Io.Aloiſij,& affinium ex parte vxoris,quorum tamen nullus interuenit,ergo non congruit veroſimiliter ſenſui,quod vt vindictam faceret,omnes fratres implicaret in periculo,ceterũ veroſimilius eſt quod,facta coniuratione inter eos,voluerint iſti fratres occupare Ciuitatem Ianuæ,cũ toto territorio,& illam Gallis tradere, vt ipſi

ſcilicet

ſcilicet fierent Domini , & Principes patriæ ſuæ , & quod hoc ambitionis feruore,& dominandi cupiditate tantum facinus agreſsi ſint,maximum inde lucrum ſperantes,& quia ſciebant Ill. Iannetinum iuuenem magni animi,& magnæ potentiæ facile poſſe intentionem eorum perturbare, ideo illum in primis tollendum curarunt,vt ceterea poſtea facilius exequerentur,& ideo veroſimilius ſemper attendendum,nam quod non eſt veroſimile eſt quidem falſitatis imago,vt inquit Bal.in.l.1.in.3.col.C.de ſerui.fugi. Tertio præſuponitur etiam in facto probatum, quod ſi voluiſſet Io.Aloiſius interficere Iannetinum ex particulari odio, potuiſſet eum commodius facilius,& cum minori periculo facere,ergo non eſt veroſimile,quod ellegerit viam dificiliorem,& maiori periculo expoſitam,niſi finis coniurationis fuiſſet altior,quam vt in morte Ill.Iānetini acquieſceret,quia quilibet præſumitur tutiorem,& faciliorem viam eligere.l.ſi procurator rei.& ibi glo. ff.de excep.doli.& in.c.duo.13.diſ.vbi glo.in verſ. minimus. & bonus text. in.l.ſed & ſi is.§.an autem.ff.de Carbo.edic.& in.l.2.C.eo. Quarto probatur intentio Co.Io.Aloiſij,ex ijs quæ ſecuta ſunt,Actus enim qui ſequūtur declarat qua intentione actus præcedens factus fuerit.§.pauonum.inſti.de rer.diui.l.ſed & Iulianus.§. proinde.ff. ad Maced.Bart.in.l. cetera.§.fi.de lega.1.cum concor.vt per Dec.conſ.490.num.9.& conſ.559. nu.1.&conſ. 644.nu.8.& exitus acta probat,vt dixi ſupra in alio propoſito, ſed ſequuta morte Ill.Iannetini,Io.Aloiſius , & fratres non ſe conuerterunt in fugā ſe recipientes ad caſtra ſua,prout feciſſent veroſimiliter,ſi cōtenti fuiſſent vindicta in perſona Iannetini inimici , ſed ſtatim ſe conuerterunt ad dirripiendas,& captiuandas triremes quæ inſeruiebant CAROLO, neq; minus portas Ciuitatis occupaſſent,quæ ſanctæ ſunt. §. ſanctæ quoque.inſti. de rer.diu.&proculdubio niſi mors Io.Aloſij interceſsiſſet in ſeditione illa, quia occupans triremes,atque in mari cadens ſuffocatus interijt,finis ſeditionis ſuum ſortitus fuiſſet effectum , nam proculdubio totam Ciuitatem occupaſſet.Et actus qui eius mortem ſequuti ſunt,id etiam manifeſte indicant, nam cum adhuc incerta eſſet eius mors, Hieronimus frater partibus ſuis functus eſt , diſcurrendo per Ciuitatem cum militibus , & aſſeclis ſuis alta voce clamando Populo, vt ſcilicet excitaretur Populus contra Nobiles , qui tunc tenebant Imperium Ianuæ , ac etiam obſidendo prætorium, neque volendo deponere arma ad iuſſum Principis ®entium Ciuitatē, Quam proculdubio,occupaſſent,& omnem Ianuenſem ditionem ad partes Gallorum conuertiſſent, niſi audita morte Io.Aloiſij deferbuiſſet primus ille ardor,& timere cepiſſent milites,& Fliſcorum aſſecle,& ſic cepiſſent paulatim ſe ſubducere,& ſubtrahere à comitatu,& ſequela Co.Hieronimi,qui etiam videns ſe deſeri ab amicis, & militibus ſuis fuga ſe in arcem Montobij munitiſsimam recepit,vbi pertinaciter obſiſtēs militibus CAESARIS & Reipu.Ianuen.per plures dies obſidionē ſuſtinuit, quæ omniā ſi non arguunt Crimen Læſæ Ma. neſcio quæ inditia, aut probationes clariores id poſſunt indicare,cum hic interuenerit ſeditio cum armis , homicidium

cidium in personam defensoris Ciuitatum, occupatio portarum Ciuitatis, & triremium CAESAR. & oppugnatio prætorij, & aclamatio ad populum vt arma sumerent, Quæquidem omnia cum præsuponatur in facto plenissime probata, simul cum fama quod omnia hæc acta sunt, vt Ciuitas, & vniuersa ditio Ianuẽsis occuparetur, luce meridiana clarius ostendunt, & indicant apertum Crimen Læsæ Ma. non autem deliberatum, & cogitatum simplex homicidium, quia hæc omnia saltem post homicidium sequutum, ipsum homicidium non spectabant, sed meram occupationẽ Ciuitatis.

Neque his obstant quæ difuse scribuntur per eximium Vallam in. d. cons. suo primo. in. 3. vol. pro defensione Com. Scipionis, & q. Io. Aloisij, & fratrum, quod scilicet cum actus facti per fratres Fliscos possint interprætari, & in maius delictum scilicet Læsæ Ma. & in minus, scilicet homicidij debẽt interprætari vt acta sint ad perpetrandum minus, nõ autem maius delictum l. si præses. ff. de pen. cum alijs multis ibi per eum adductis. num. 36. & seq.

Quia respondetur quod per eum adducta procedere possent in dubio, videlicet quando coniecturæ euidentes non arguerent potius maius delictum, quam minus, vel leuius, vt ipsemet Valla. non audet hoc negare, dum num. 35. allegando Parid. de Put. & Capic. dicit quod quando nõ apparet an quis occiderit consiliarium Principis in odium ipsius Principis, vel potius in odium particulare ipsius consiliarij tanquam priuatæ personæ recurrendũ est ad coniecturas, & præsumptiones, & præter eum hoc etiam late deducit Boss. in tract. crim. sub tit. Læsæ Ma. num. 25. & 28. At qui proculdubio plura sunt argumenta, plures clarissimæ coniecturæ quæ arguunt omnia acta per Fliscos, vt Ciuitas occuparetur, quæ supra sunt enumeratæ, & quæ tendunt ad hostilitatem CAESARI indicandam, non ad simplex homicidium, cum si illud solummodo spectassent Flisci, eo mortuo quieuissent, neq; peiora perpetrassent, ideo licet actus præsumi possit factus & ad hũc, & ad illum finem, præsumendus tamen est factus ad eum finem, qui verosimilior est, & magis conuenit rebus actis, vt pul. declarat Roma. cons. 343. vers. non est autem dubium. sequitur Hipol. cons. 104. nu. 34. sed direptio triremium in statione commorantium ad seruitia CAESARIS, occupatio portarum Ciuitatis post occisum Iannetinum, obsidio prætorij, excitatio populi ad arma, ꝑculdubio magis cõueniunt Crimini Læsæ Ma. quã simplici homicidio, ergo talis debet interprætari eorum mens, & intentio.

Neque etiam obstat quod idem Clariss. Valla. in. d. cons. 1. num. 35. dicat non videri verosimile quod Flisci, qui ex parentibus fidelissimi orti erant, & qui multa beneficia à CAESARE receperant voluissent nunc fidem violare, & CAROLO de se benemerito iniuriam inferre. quia hæc omnia tollun tur ex regnandi, & dominandi cupiditate, quæquidem sola coloratam caussam videtur afferre violationis fidei, Nam & CAESAR dicere solebat quod si violanda foret vnquam fides, regnandi causa violanda esset, & probatur in l. 2. §. & cum placuisset. ff. de orig. iur. & fuerunt versus Euripidis quos Tul. li. 3. offi. sic vertit, nam si violandum est ius, regnandi gratia violandum est, alijs in rebus pietatem colas, & tradunt etiam omnes per illum tex. in prohe. Decretal. incip. Rex pacificus, quod cupiditas occulos omniũ obcecat & fidifragos efficit, videbant ergo Flisci alioqui viri, & potentes etiam opulentissimi, & Nobilissimi, sibi Illustriss. Aurios pręferri in Ciuitate Ianuæ, ob fauorem CAESARIS quem ipsi Auriæ possidebant, odiũ conceperunt non modo in Aurios, sed & in CAROLVM qui eis fauorẽ præstabat, & ideo deliberarunt vno actu, & Aurias tollere sibi infensos, & Ciuitatem occupare in damnum CAESARIS, atque toti ditioni Ianuen. ipsi Flisci dominari sub protectione Gallorum, & ita omnia ad hunc finem dirrexerunt, neque à tam vesana cupiditate potuerunt illos diuertere, atq; nequidẽ remorari neq; fides, neq; beneficia à CAROLO recepta.

Neque etiam obstat his, quod triremes quas diripuerunt Flisci, forent proprię Iannetini nõ CAESARIS, & ideo in odium CAESARIS nõ possunt videri direptæ, quia imo præsuponitur in narratione facti cõtrarium probatum, quod scilicet imo erant ad seruitia CAESARIS, & CAESARIS pecunijs, atque stipendijs per Auriam Præfectum detinebantur, ideo in hoc non insisto quia processum non vidi.

Et licet Flisci nõ occupauerint triremes Hispanas, quæ erant CAESARIS, id tamen non excusat, tum quia distantes erant valde, & non sine maxima difficultate poterant occupari, præsertim cum ceteræ omnes triremes forent occupatæ, & maiora restabant peragenda, scilicet Ciuitatis occupatio, & totius territorij, quo occupato, facile erat triremes illas Hispanas occupare, quas etiam forte occupasset q. Com. Io. Aloisius prout occupauit alias, nisi morte præuentus fuisset.

Et pariter non excusat, quod non occupauerint domum Principis, & illum interfecerint, quia mors impediuit, & maius erat occupare Ciuitatem quam domum Principis, satis erat quod Iannetinum iuuenem, & ad resistendum aptum occiderant, neque ę re coniuratorum erat senem, debilem, & infirmum conari occidere, & Ciuitatem relinquere, quæ audito rumore potuisset arma capere, & coniuratis negotium facere, paruo enim negotio occupata Ciuitate cetera omnia occupari poterant.

Postremo circa præmissa tollitur omnis ambiguitas, ex eo quod in facto asseritur, notorium esse tumultum, & seditionem hanc de qua agimus fuisse suscitatam per Fliscos, vt occuparent Ciuitatem, & ditionem Ianuen, eãque dederent Gallis & ipsi Principes Ciuitatis haberentur, atque alia à Gallis maiora haberẽt beneficia, idque esse notorium dicitur in narratione facti, quod & CAROLVS in sua declaratoria attestatur, & adeo probatum est, vt & in historijs fuerit hæc coniuratio relata, Quo notorio stante, nescio quid opponi possit, aut excipi ad defensionem Fliscorum, cum etiam non seruato iuris ordine, & absque sententia potuerit Princeps bona eorũ alteri tradere, vt pul. declarat Iser. in c. 1. §. sancimus, in tit. quo tempore miles. vbi etiã in specie dicit, tũc apparere crimen notorium cum Vasallus in Castro se tuetur contra Dominum, prout in casu nostro faciebat Com.

Hieronimus

Hieronimus ſe defendendo armis,militibus,& tormentis bellicis in Caſtro Montobij contra milites qui de mandato CAESARIS licet ſumptibus Reipublicæ Ianuen.oppugnabant d.Caſtrum,& dictum Iſern.ſequitur, & cōmendat Boſſ. in tract.crim.ſub tit. quomodo procedatur in crim. noto. nu.16.vbi in ſeq.plures ad hoc adducit authoritates, quas non tranſcribo, cum ibi videri poſsint,vbi etiam ex mente Iſer.concludit,quod ſi bona cōmitentis tale crimen notorium fuerint per Principem cōceſſa aliquui, etiā ſine ſentētia,tutus erit qui ipſa bona à Principe poſsederit,licet nulla appareret ſententia,modo etiam poſt cōceſsionem probetur notorietas illa criminis,prout in ſpecie aſſeritur probata in caſu noſtro,& eſt ratio quia notorium ſuplet vim ſententiæ,& illi equiparatur,vt ibi late nu.18.&.19.quæ non tranſcribo,per quas deciſiones aperte terminatur caſus noſter.

Ex quibus omnibus iam videtur abſoluta difficultas propoſita parte Co. Scipionis circa innocentiam tam q.Com.Io.Aloiſij & fratrum ſuorum,quam ipſiuſmet Com.Scipionis, cum aperte ſit oſtenſum quod quanquam ei incumbebat onus probandi innocentiam omnium, attamen non modo non legitime probauit,&plene,vt tenebatur,iuxta ea quæ dixi ſupra in præmiſſis, & præſupoſitis huius articuli,verum etiam per reos probatum eſt contrarium,ſcilicet de culpa,dolo,& Crimine Læſæ Ma.cōmiſſo tam per fratres in tumultu excitato in Ciuitate Ianuæ,cum per viam notorij etiā crimen illud pateat, quod ſuperat omne genus probationis, quam etiam per ipſum Com.Scipionem,cum probatum ſit ipſum continuo conerſatum cū Iulio Cibo pro rebelli condemnato,&capite mulctato,vt etiam deductum fuit ſupra,& rebelles CAESARIS ſemper receptaſſe & penes ſe retinuiſſe,& Romæ, Mirandulæ,&Venetijs cogere tētauerit,&coegerit homines contra CAESAREM, item quod homines Burgi nempe feudi à CAESARE habiti,ſollicitauerit,& impulerit,vt à CAESARE deficientes ſe Duci Placentiæ dederent, & demum quod audita captura Iulij Cibo cū quo tractatū habuerat tandem confugerit ad Gallos apertos hoſtes,& quidem infenſiſsimos IMPERII ibiq; aſſociatus rebellibus inſeruiuerit Gallis contra IMPERIVM, naues Hiſpanas militibus IMPERIAL. onuſtas ſuis triremibus ipſe Scipio ceperit, militeſq; captos Hiſpanos remigio aſcripſerit,neque his contentus denique bona, & ornamenta Sereniſsimæ Auguſtæ,quæ onerarijs nauibus deferebantur diripuerit, quæ omnia cum plene probata ſint,vt in facto præſuponitur non ſolum vniuerſa,ſed&eorum ſingula proculdubio ſufficiunt ad conſtituendum Co. Scipionem reū Criminis Læſæ Ma.vt de ſingulis habetur per omnes in.c.1.quib.mod.feu. amit.& in.c.1. quæ fuit pri.cau. bene amitt. in quibus locis enumerantur cauſæ propter quas quis poſsit priuari feudo Vaſallus,& propter quas incurrat Crimen Læſe Maieſt.

Reſtat modo vt videamus an vltima eius defenſio de iure procedat, dum ſcilicet conatur oſtendere,quod præſupoſito etiam quod vere fuiſſet nocens, & reus Criminis Læſæ Ma.Com.Scipio, Attamen adhuc debet reſtitui ad bona,& feuda petita,ex tribus potifsimum. Primo quia in capitulis pacis nominatim Com.Scipio fuit restitutus. Secundo quia expresse fuit etiam restitutus ad gratiam IMPERATORIS FERDINANDI, & MAXIMILIANI filij & successoris. Tertio, quia fuit inuestitus ab ipso FERDINAN. in specie de prædictis omnibus feudis per eum petitis.

Circa primum non insisto hic,quia ad illud obiectum capitulorum pacis,satis est respõnsum supra in responsionibus factis ad decimamseptimam oppositionem Co,Scipionis cõtra sententiam Delegati,vbi tribus modis clare, & realiter responsum fuit, ideo ibi vidẽdum,& hic ea ꝑ repetitis habeantur.

Circa secundum,videlicet,quod fuerit restitutus ad gratiã FERDINAN. IMPERATORIS &successiue per eam restitutus ad omnia bona quę amisserat,Respondetur talem gratiam concessam per AVGVSTISS. FERDINANDVM, nil releuare Com.Scipionem ex pluribus.

Primo quia gratia illa habet clausulam istã Rebus, sicuti parte Co. Scipionis in eius suplicatione expositæ fuerant,sic se habentibus, quæ clausula operatur quod si in aliquo aliter se habeant nil operetur, cum simus in rescripto gratioso,& ad instantiam,& præces partis concesso,& super actu iure communi contrario,vt tradunt omnes in.l.præscriptione.C. si contra ius. vel vtil.pub.& in.l.fi.C.de diuer.rescr.& per Spec.in tit.de rescr.præsent. §.ratione quoq; defectus, vers. item quod non est ibi clausula. tradunt oẽs Cano.in.c.ex tenore.il primo.& in.c. ab excõmunicato. de rescrip.& in.c. cum contingat.de off.deleg.& pul.Pau.in.l.si cum patruo.C. cõmuni.vtr. iud.& præsertim quando Princeps concedens asserit se non habere plenã notitiam de narratis in supplicatione pro ut asserit FERDINANDVS in hoc rescripto ibi, Et licet M.S. CAESAREA hactenus non vsque adeo plenam,& exactam notitiam habuerit &c.Nam licet alias istæ similes clausulæ,si ita est,&si præces veritati nitantur,non inducant veram conditionem,attamen inducunt causam propter quam motus est Princeps ad id concedendum,quam probare non est necesse,prout si conditionem induceret,sed si appareat falsa,tunc ea cessante,cessat& ipsa cõcesio, præsertim, vt dixi,quando conceditur quid contra ius commune, & ius tertij,& super facto de quo Princeps notitiam plenam non habebat, vt per Innoc.& alios in.c.fi.de præsump.& est glo.fi.in.c.1.de spons.in.6.& late per Feli. in.d.c. ex parte.num.6.& 7.& num.13.de rescr.vbi plura. Atque multa sunt narrata in supplicatione.Co.Scipionis,quæ vera non sunt, ergo nil releuabit hoc rescriptum,tanquam ex falsa causa impetratum. Narrat enim primo in supplicatione Com. Scipio,quod in pace inita inter Regem Gallorum, & Regem Hispaniæ omnes in eos, qui sequuti sunt partes eorũ, per contumatiam latæ sententiæ,aliaque in eorum præiuditium aut constituta, aut declarata omnino cassa,& irrita facta sunt, quodquidẽ sic generaliter narratum falsum est,nam capitula restitutionum in pace facta, expresse limitant,& restringunt se ad eas sentẽtias, quæ latæ sunt cõtra sequaces d.Regum,occasione d.belli,vt clare apparet ex illisverbis,Per causa delle dette guerre

guerre, sed sententiæ latæ tam contra fratres Com. Scipionis, quam cõtra ipsum Com. Scipionem non fuerunt latæ occasione d. belli, sed anteq uam quispiam ex eis inseruiret Regi Gallorum, ergo vera non sunt narrata. limitata enim causa capitulorum, videlicet occasione belli, limitatum producit effectum illius rescripti. l. in agris. de acquir. rer. dom. cum concord. quæ nota sunt.

Secundo narratur in dicta supplicatione, quod ipse Comes Scipio per dicta capitula pacis in spetie est solutus ab omnibus imputationibus, & tamen hoc falsum est, quia tantum est solutus ab illis imputationibus, quæ ex eo quod Gallis inseruierit in bello sibi obiectæ forent, vt dictum est, & clara sunt verba.

Tertio narrat, quod Rex Hispaniarum pollicitus est impartiri authoritatem suam, vt idem Com. Scipio possit peruenire ad restitutionem bonorum suorum, hoc etenim etiam sic generaliter, & indistincte prolatum falsum est, nam etiam hæc promissio Philippi Regis fuit limitata, per ista verba, & terrà detto Re Catholico la mano in fauore de detti Signori del Re Christianissimo in questo, che la giustitia li sia administrata buona & breue, promitit ergo fauorem Rex Philippus se præstaturum Com. Scipioni, vt ei iustitiã administretur, non autem vt bona omnino restituantur, sed probatũ iam est supra, & ostensum bona ista contentiosa non esse restituenda de iure, ergo ista gratia nil seruit, istæ enim clausulæ quæ se referunt ad iustitiã nõ derrogant sentẽtiæ, præsertim quæ trãsiuit in rem iudicatã, neq; præiudicant iuri tertij, vt declarat Ias. in. l. causas, vel lites. nu. 4. C. de transac.

Quarto narratur in dicta supplicatione, quod ipse Com. Scipio est, & fuit fidelis Vasallus IMPERII, & tamen hoc falsum esse, etiam supra probatum fuit, quod scilicet suscitauerit homines Burgi ad defectionem, & ex eius sugestione defecerint ab IMPERATORE ad Ducem Parmæ, & quod coniurationem fecerit contra CAROLVM cum Iulio Cibo, quæ non arguunt fidelitatem, sed infidelitatem, ergo &c.

Quinto narrat dictus Com. Scipio in supplicatione, quod nuper cognouit morte q. Ottoboni, & aliorũ fratrum aliquot feuda, à SACRO IMP. dependentia ad se deuoluta, quodquidem etiam falsum est, nam cum per sententiam CAROLI priuati fuerint præfati fratres Com. Scipionis prædictis feudis, si successio potuisset spectare Com. Scipioni spectasset per priuationem ipsam, non per mortem, item non potuissent illa bona spectare per mortem Com. Ottoboni, quia ipse Com. Ottobonus nunquam illa habuit, aut possedit, nam cum per sententiam CAROLI, Com. Io. Aloisius fuisset priuatus dictis feudis, quæ possidebat, & ad eum spectabant tanquam primogenitum, non potuerunt ipsa feuda transire in Ottobonum, qui pariter fuerat damnatus ob Crimen Læsæ Ma. & ideo factus fuerat incapax, vt dictum fuit supra in alio proposito, & per consequens non potuit successio dictorum feudorum deuolui ad Co. Scipionem per mortem Ottoboni, qui nunquam habuit illa, neque habere potuit, vt dictum est.

Et

Et postremo etiam si ipse Com. Ottobonus iure legitimo successionis habuisset, & possedisset, non tamen eo mortuo deuoluta fuissent hæc feuda iure successionis ad Comitem Scipionem, quia cum tempore mortis Com. Ottoboni foret iam damnatus Crimine Læsæ Ma. erat incapax successionis, vt supra late probaui, ergo & hoc quod narrat falsum est, scilicet per mortem Com. Ottoboni, & fratrum feuda ista fuisse deuoluta ad Comitem Scipionem, vt narratur.

Secundo principaliter non obstat gratia prædicta FERDINANDI, quæ duo habet capita, Primo quo ad receptionem Com. Scipionis in gratiam ipsius IMPERATORIS, Secundo quo ad bona feudalia quorum petijt inuestituram, Et quantum ad primum, licet FERDINANDVS receperit Com. Scipionem in gratiam, attamen ista gratia nihil operatur quo ad restitutionem bonorum, sed tantum quo ad pœnam corporalem, vt habetur in. l. 1. 2. & fi. vbi Salic. C. de senten. pass. vbi etiam Cin. idem tenet, & Bal. in. l. si ademptis. eo. tit. præsertim quando non per viam iustitiæ, idest probata innocentia, reducitur ad gratiam, prout fuit in casu nostro, & licet non ignorem quod Bar. in. l. 1. §. si quis vltro. ff. de question. & in. d. l. fi. in fi. contrarium indistincte teneat, & plures cum eo, Attamen in præsenti casu tollitur omnis difficultas, quia ipsemet FERDINANDVS gratiam concedens differentiam facit, & inter gratiam illam simplicem, & restitutionem bonorum, separatam facit mentionem post restitutionem ad gratiam, nam licet regulariter vnum contineatur sub alio generaliori vocabulo, attamen quando separatim, & discrete facta est mentio de vno in spetie quod continebatur in genere, tunc nunquam illud spetiale appellatione generis continebitur, vt est not. doctri. Bal. in. l. in multis. in fi. ff. de sta. hom. vbi voluit quod licet masculinum regulariter sub se contineat fœmininum, attamen si de vtroque sexu facta est mentio separatim, & distincte, tunc masculinum non concipit fœmininum, & idem dicit consulendo ipse Bal. cons. 186. 1. vol. & est ratio quia expressum facit cessare tacitũ. l. cum ex filio. §. 1. ff. de vulg. & generi per speciem derrogatur. l. in toto. de reg. iur. cum concord. & idem etiam tradit Dec. in. l. fœminæ. num. 101. eo. tit. de reg. iur. sic ergo dicendum in casu nostro quod licet vera esset opinio Bar. quod per restitutionem gratiæ intelligerentur regulariter restituta etiam bona, attamen in casu nostro illud procedere non potest, quia distincte & separatim de vtraque facta est mentio. Adde pro confirmatione præmissorum quod post concessam restitutionem ad gratiam adduntur hæc verba, quantum vero attinet ad petitam bonorum inuestituram. Dictio enim illa, vero, est aduersatiua præcedentibus. l. cum filius. ff. de donat. & ideo aduersatur præcedentibus in iure, & in facto, vt per Bar. in. l. lucius. §. qui habebat. ff. ad treb. & in. l. si quis ex argentarijs. §. si initium. ff. de eden. & in. l. 1. ff. si quis ius. di non obtemp. & in. l. hoc amplius. §. de his autem. ff. de dam. infec. ergo aperte colligitur quod sub receptione Com. Scipionis in gratiam noluit comprehendi restitutionem bonorum.

Tertio

Tertio principaliter respondetur, quod imo gratia illa de directo aduersatur intentioni Com. Scipionis, nam cum in supplicatione duo petijsset, vt dixi gratiam CAESARIS, & inuestituram bonorum feudalium, gratiã quidem impetrauit, sed quo ad inuestituram bonorum petitam respondet FERDINANDVS, se non posse id facere, quia CAROLVS IMPERATOR eius præcessor magnam partem dictorũ bonorũ fisco CAESAREO præcedente iudiciali cognitione, & declaratione aplicauit, & postea Illustres Aurios & alios de dictis bonis inuestiuit, quæ declaratio, & inuestitura postea fuit aprobata, & confirmata per eundem FERDINANDVM, quinimo dicta declaratio CAROLI quæ comprehendebat tantum alios fratres extensa fuit etiam ad ipsum Com. Scipionem, dicente CAESARE se ideo nulla ratione, aut equitate posse modo inuestire Com. Scipionem, vt per eum petitur, nisi dicta bona ipsi per iudicialem cognitionem, & terminationem adiudicata fuerint, Subdẽs postea hæc verba. Quare in euentum quo idem Com. Scipio intendat huiusmodi bona & feuda à præsentibus possessoribus via iuris, & iuditij repetere, eoque nomine sibi commissarios coram quibus ius suum prosequetur deputari supplicaturus sit, MAIESTAS sua CAESAREA ipsi haud grauatim eiusmodi commissionem decernet. Addens etiam, & si quæ supersunt bona sua, & fratrum suorum feudalia, quæ neq; per MAIEST. suam, neque per Diuum CAROLVM cuiquã iusto, seu rationabili titulo concesso non posideantur per aliquem, in concedenda ipsi eorum inuestitura nullam difficultatẽ mouebit. Patet ergo ex prædictis verbis, quod non modo FERDINANDVS noluit eum restituere ad hæc bona feudalia, quæ per alios posidentur, quinimo id expresse negauit additis & iustisimis causis, quas iustisimas esse probabo statim, dum respondebo inuestituræ postea factæ per eundem FERDINANDVM præfato Comiti Scipioni. Et sic luce clarius constat quod hæc gratia nil obstat reis conuentis quo ad bona quæ ipsi posident, quia eorum expresse fuit denegata inuestitura petita.

Circa tertium igitur, & vltimum supra propositum articulum, scilicet circa inuestituram impetratam per ipsum Com. Scipionem à FERDINANDO IMPERATORE sub anno 1562. 13. Iulij, super qua video agentes Co. Scipionis in scripturis eius nomine factis præcipuum facere fundamẽtum, dicentes quod per eam fuit translatum dominium dictorum castrorum in ipsum Com. Scipionem, & ideo iuste & legitime agere potuit rei vendicatione contra reos conuentos, qui nullo iure legitimo, aut titulo præcedente illa occuparunt. Dico pariter hanc inuestituram nullo modo obstare reis conuentis, & circa hoc tantum nunc insistam an scilicet dicta inuestitura obstet, nam quo ad titulos reorum an sint legitimi, vel nõ, dicam postea. Quod igitur non obstet ista inuestitura tanquam nulla, probatur quia subreptitia est, & nulla, ergo obstare non potest, vt per Bart. Cin. & Bal. in l. præscriptione. C. si contra ius. vel vtil. pub. Ang. Alex. & Ias. in l. sed & si

hac.

hac.§.patronum.ff.de in ius vocan.&Cano.omnes in.c.ſuper literis.de reſcrip.vbi late Feli.col.2.& ſeq.& idem Feli.in.c.ad audientiam.il ſecundo. num.57.& ſeq.eo.tit.cum concor.vt per Cur.conſ.16.col. antepen.& vlt. verſ.vltimo iſta.& verſ.quia modica obreptio.& conſ.17.col.5.verſ.vltimo accedit.& conſ.18.col.5.verſ. ad ſecundum. ſurreptio enim vitiat diſpoſitionem ex defectu voluntatis diſponentis, quia ſi fuiſſent expreſſa omnia forte non conceſsiſſet,vt tradit Iaſ. in.l. 1. num. 2.C. ſi contra ius.vel vtil. publi.Dec.conſ.541.num.20.Gozad.conſ.6.num.6.Cur.Iun.conſ.27.in fi. & conſ.32.in fi.& Crau.conſ.296.col. 4. in fi. & in terminis gratiæ.Alex. conſ.114.vol.1.quem refert & ſequitur alia adducendo Boſſ. in tract.crim. ſub tit.de remed.ex ſola.Clemen.prin.num.37. ſurreptio autem, & obreptio probatur aperte ex omnibus infraſcriptis.

Primo quia in hac inueſtitura non narratur ſententia lata contra q.Com.Io. Aloiſium, & alios eius fratres, neque quæ poſt ipſam ſententiam ſequuta ſunt,quæquidem eſt euidens ſurreptio,ſi enim fuiſſet narratum extare ſententiam ipſam,item quod poſtea mandato CAROLI fuit expugnatum caſtrum Montobij ſumptibus Reipublicæ Ianuen. item quod dicta caſtra fuiſſent per CAROLVM ipſum præceſſorem eius donata Illuſtri Principi Auriæ,& poſtea ab eo de conſenſu CAROLI tranſlata in Rempub. Ianuen.& alios, & quod per eos nunc etiam ex cauſa dictorum titulorum poſsiderentur,certe non conceſsiſſet,& ideo dicitur ſurreptitia talis inueſtitura,vt per Abb.in.c.ſuper literis.de reſcrip. vbi Feli. num.8.& in.c.poſtulaſti.eo.tit.& per Corn.conſ.245.col.2.in.1. & Dec.conſ. 695. num.29. & Natta.conſ.636.num.192.in.3.& 684.num.6.&Rollan.à Valle.conſ.99. num.39.in.1.& conſ.67.num.23.in.2.qui in ſpecie loquūtur de ſurreptione inueſtituræ,& Dec.conſ.580.num.4.poſt Rom. conſ.326.num.11. & conſ. 327.num.2.& non tantum redditur ſurreptitia conceſsio ſi in præcibus nõ exprimatur id quod ſi expreſſum fuiſſet, Princeps talem conceſsionem nõ fuiſſet conceſſurus,quo caſu loquuntur præmiſſæ authoritates, ſed etiam ſi illis expreſsis non fuiſſet ita faciliter conceſſurus,vt probatur in.c.poſtulaſti.ibi de leui non ſcriberemus,&.c.ſi proponente. &.c.cum adeo.de præben.vt tradit Rom.in locis præallegatis,& etiam in conſ.379.nu.12.& cõſ. 383.in fi.& Cur.d.conſ.16.col.pen.& conſ.73.col.26. verſ. difficultas etiã. & conſ.142.col.pen.verſ.quod autem talis impetratio. & conſ.541. nu.19. Grammat.deciſ.66.num.x.& conſ.crim.84. col.pen.

Sed nulli dubium quod non conceſsiſſet,vel ſaltem indubitate difficilius inueſtiuiſſet Com. Scipionem de prædictis caſtris, ſi ſibi fuiſſent narrata acta CAROLI V. dilectiſsimi fratris, & præceſſoris ſui, quibus proculdubio noluiſſet derogare, cum iuſtitiæ, ac rationis ordo ſuadat quod Princeps ſui præceſſoris voluntatem,& ſtatuta cuſtodiat,& obſeruet,nam vt inquit tex.in.c.nõ ne iuſtitiæ.25.q.1.cũ Princeps naturaliter à ſuis ſucceſſoribus ſua deſideret mandata ſeruari,conſequens eſt, vt ſui præceſſoris conſtitutionibus venerationem præſtet, & cuſtodiam, ſi enim acta CAROLI deſtruere

destruere voluisset, exemplo pariter docuisset per eius successores posse sua statuta dissolui, vt dicitur in. c. institutionis. 25. q. 2. nam & summus Pont.in.c.si ea.ead.cau.&.q. inquit. si ea destruerē quo antecessores nostri statuerunt non cōstructor, sed euersor esse iuste cōprobarer, & idem in.c. quod vero. pariter ea. cau. 25. q. 2. dicit iniuriam mihi facio cum statuta præcessorum meorum perturbo, & per prædicta iura, & alia in terminis ad probandam surreptionem, & quod si acta præcessoris contraria fuissent expressa successor non concessisset, hoc tenet Rom. & in hoc potissimum se fundat.d.cons.327.num.3.sequitur Gomes.in repe.c.1. de constit. in.6.num.98.

Secundo redditur etiam eo magis surreptitia, quia non narrauit quod ipsemet FERDINANDVS die xij. Aprilis. 1559. confirmauit omnia acta per CAROLVM, & donationem, & inuestituram factam Auriæ per eundem CAROLVM, ergo minus est verosimile, quod si hoc etiam expresisset, voluisset derogare & actis præcessoris, & suæ confirmationi, quæ maius robur addebat actis CAROLI, & difficilius dispensatur quod est plurium authoritate roboratum quam vnius.c. post translationem. de renun.quod etiam ad probandum surreptionem considerat Rom.d.cons.327 num.3.& tradit etiam Feli.in.c.nonnulli.de rescrip.& Dec.post.Abb.in.c. prudentiam.in prin.de off.deleg.&Gomes.in repe.d.c.1.de const.num.180.

Tertio etiam est surreptitia, quia non narrauit Co. Scipio, quod ipse fuerat condemnatus tanquam reus Læsæ Ma.à Delegato CAROLI, & ab eodem CAROLO sententia pluribus decretis, & actis confirmata, & exequuta, &demum ab eodem etiam FERDINANDO confirmata eadem die.12. Aprilis. 1559. in qua confirmatione asserit sibi clare constare ex scripturis visis, Com.Scipionem fuisse reum dicti criminis, & quod ideo illum in specie priuat omnibus feudis, quæ si fuissent expressa, cui dubium quod non inuestisset ipsum Com. Scipionem, tum quia priuatus fuerat & cōdemnatus à CAROLO pręcessore, cuius actis derogare noluisset per prædicta, tum etiam quia noluisset sibimet contrariari, cum nemo præsumatur velle derogare per sequentem dispositionem actis suis prius factis, si de eis nulla faciat mentionem, vt est glo.in summa. 25. q. 2. quam sequitur Federic.de Sen.cons.227.& in terminis ad probandam surreptionem tradit Roma.d.cons.327.num.1.& Boer.in tract.de potesta.lega. à latere. nu. 44.vers.tum etiam facit theorica.

Quarto redditur etiam surreptitia ex eo, quod non narrauit, quod idem Co. Scipio suplicauit eidem FERDINANDO, quod eum inuestiret de dictis bonis feudalibus, qui tamen noluit, & expresse recusauit, Dicens non conuenire iustitiæ, & equitati, quod circa ista bona iam in alios per CAROLVM eius præcessorem, &fratrem translata, derogaret actis præcessoris sui, sed quod tantum erat contentus delegare causam iudicandam, an super dictis bonis aliquid ius ei cōpeteret, vt supra narraui in tertia principali responsione ad simplicem gratiam Co. Scipioni concessam per ipsum

FERDINANDVM, Nullus enim dubitare potest, quod si hoc fuisset expressum quod non inuestiuisset, ne videretur sibi ipsi non constare, sed hodie vnum asserere cras contrarium facere, in Principe enim tanquam fonte fidei debet esse constans voluntas,& illi conuenit illud verbum Scripturæ semel loquutus est Deus,& quod scripsi scripsi, & debet habere vnũ calamum,& vnam linguam non plures, quia scriptum est, quæ processerũt de labijs meis non faciam irrita,& debet esse immobilis sicut lapis angularis,& sicut polus in Cœlo, hæc Bal.cons.327.1.vol. refert & sequitur Dec. cons.580.num.5. & ibi etiam dixit Bal. quod quando Princeps reuocat illud quod fecit, vel sibi ipsi contradicit fingitur circonuentus ita quod contrarium probari non potest, quasi sit præsumptio iuris,& de iure, quæ probationem in contrarium non admittit,& sequitur Cur.iun. idem dicens in cons.170.num.40. ubi enim est contrarietas non cadit excusatio, neque ob rusticitatem, neque ob simplicitatem, vt inquit Bal.in.l.1.C.de fur.& idem Bal.in.l.scripturæ.col.vlt.vers.quærunt Doctores.C. de fide inst.ideo remota quacunque nullitate, vel exceptione, non intelligitur remota ea, quæ insurgit ex contrarietate, vt tradit Ang. in.l. tale pactum.§.qui prouocauit.ff.de pact.& ideo dixit idem Ang.cons.187.circa fi. quod nec Princeps, nec Deus ipse potest actus repugnantes facere vt conseruentur, refert,& sequitur Dec.cons.644.num.12.& in.l. vbi repugnantia.de reg.iur.cum igitur aperta sit,& ineuitabilis contrarietas inter verba FERDINAN. dicta in receptione gratiæ, dum dicit, quod nulla ratione, aut equitate subsistente poterat inuestire Com.Scipionem,& verba apposita in inuestitura Co.Scipionis de qua agimus, quibus inuestit ipsum Com.Scipionem de castris per alios possesis, nulli dubium quod in hac inuestitura fuit circonuentus, cum de præcedenti decreto nullam faciat mentionem, & ideo inuestitura ista tanquam surreptitiæ impetrata, nulla est, neque ullum iuris effectum producere potest, quia, sic attestãte eodem FERDINANDO, non potuit fieri ista inuestitura vlla subsistente ratione, aut equitate stantibus literis, quæ ante per CAROLVM, & ipsum FERDINANDVM factæ erant, de quibus supra,& hoc vt dixi ipsemet FERDINANDVS attestatur in receptione Com. Scipionis in gratiam.

Quinto redditur etiam surreptitia dicta inuestitura ex alio, quia eo tempore Respub.Ianuen.& Illustris Auria possidebant dicta castra, vt notorium erat,& proculdubio sciebat,& notitiam habebat ipse Com.Scipio, quia hoc expresse narratum sibi & expositum fuerat, per SERENISSIMVM FERDINANDVM dum illum in gratiam recepit,& dixit se nolle eum inuestire de dictis castris, quia posidebãtur titulis habitis à CAROLO per Rempub.Ianuen.per Illust.Antonium de Auria, per Com.Augustinum de Lando,& alios, vt in scriptura dictæ receptionis in gratiam apparet,& supra retuli,& tamen de tali possesione in hac inuestitura nulla facta est mentio, ergo surreptitia,& nulla, vt probatur in.c. cum nostris. de concess.præben.&.c.2.de decimi.in.6. quæ licet loquãtur in beneficialibus

tamen

tamen extenditur ad quascunque impetrationes, & concessiones, vt tenet glo. in. d.c.2. & in.c. dudum. vbi Inno. extra eo. tit. nam ratio. d.c. cum nostris. est generalis, videlicet quia si fuisset expositum quod alius erat in possessione etiam colorata, non concessisset sic de facili, & tradit Calde. & ibi Dominic. in addi. in cons. 29. sub tit. de præben. Cardin. cons. 54. num. 3. vers. sed obstat ipsi. Lap. alegatione. 10. nu. 2. Roma. cons. 465. col. 1. vers. quia non facta fuerit mentio in eius impetratione de colorata possessione. Bellemer. decis. 643. incip. error nominis. Feli. in. c. ex tenore. ante num. 8. in 6. limita. & in. c. significante. post prin. vers. similiter dicit. & in. c. in nostra. num. 85. & 93. & seq. de rescrip. tradit etiam Io. de Selu. in tract. de benefi. sub tit. de reprobatio. benefi. viuen. impetra. num. 26. & Soci. cons. 120. num. 6. vers. confirmantur prædicta. & seq. in 3. & Paris. cons. 1. nu. 72. in. 1. & tradit etiam Bal. in prohe. decret. Rex pacificus. num. 9.

Cum igitur abunde probatum sit inuestituram hanc fuisse surreptitiam, sequitur quod sit ipso iure nulla, nedum per exceptionem, vt habetur in. c. motu proprio. de præben. in. 6. & in. c. si gratia. de rescrip. in. 6. & late per Feli. in. c. super literis. & in. c. ad audientiam. il secundo. de rescr. & per Paris. cons. 31. nu. 22. in. 4. Adeo quod & si aliqua fuissent postea acta in exequutionem talis inuestituræ, omnia forent nulla, & effectu carerent. c. tua. de off. vicar. l. si prætor. §. marcellus. ff. de iudi. quæ iura ad hoc allegat Oldra. cons. 81. in prin. & Calcan. cons. 87. col. vlt. quæ procedunt etiam si impetrans foret sanctus, vt dicit Bal. in. c. 1. in. fi. per illum tex. vt lite penden. vbi impetrans erat Beatus Thom. Canthuariensis, & tamen vitiatur impetratio ex surreptione, & refert Ias. in. l. qui iurisdictioni. col. 3. de iur. omni iudi. Neq; his obstant clausulæ, Motu proprio, Ex certa scientia, De plenitudine potestatis, & similes, si quæ forent in dicta inuestitura, quia istæ nō tollunt vitium surreptionis, maxime in preiuditium tertij, vt per Io. And. & alios in. d. c. si motu proprio. & in clem. si Roman. Pontifex. de præben. & not. omnes in. c. ad aures. de rescr. & Rota decis. 28. sub tit. de præben. in nouis. & Soc. d. cons. 120. in locis supra allegatis. in 3. & Paris. d. cons. 1. nu. 74. & seq. in. 1. & cons. 74. nu. 33. in 4. Nam cum FERDINANDVS nō recordaretur actorum per se prius, facile potuit circumueniri per Co. Scipionem cōscium de omnibus, qui cum tacuerit in precibus id quod sciebat, & exprimere debuerat, præsumitur id dolose fecisse, vt inquit Bal. cōs. 335. in. 3. col. 1. in fi. quod est repetitum. cons. 426. in. 5. & cons. 306. ante fi. eo. vol. 5. Abb. cons. 109. in. 2. dub. 2. vol. ideo non foret conueniens, quod ex dolo suo cōmodū reportaret cū iactura & præiuditio tertij. l. ne ex dolo. ff. de dolo. l. 1. §. 1. ff. de excep. dol. c. sedes. & seq. de rescr. Quinimo etiā si constaret talem surreptionem factam per simplicitatem, & ignorantiam etiā sine dolo, adhuc tamen talis surreptio vitiaret inuestituram, vt tenet Oldr. cons. 257. col. 9. ad fin. & Soc. cons. 164. col. 2, & cons. 273. col. fi. in. 2. & cōs. 115. post prin. in. 3. & Corn. cons. 201. col. 2. in. 2. dub. 2. vol. & cons. 67. col. 3. in. 3. Adeo enim odiosa est surreptio, quod neque tribuat titulum ad præſcribendum,vt tenet Bal.conſ. 300. in fi. in 5. Et quod plus eſt,etiam ſi in hac inueſtitura foret clauſula iſta, Tollentes,& ſummouētes omnes exceptiones,quæ contra hanc fieri poſſent,nunquam tamen cenſeretur ſublata iſta exceptio ſurreptionis,vt tenet Paul.de Are. in.c. ex parte.il ſecundo. vbi dicit etiam Hoſtie.id ſentire,& aſsignat rationem,nam ſicut ſtante ſurreptione præſumimus quod Princeps ſi ſciuiſſet,vel recordatus fuiſſet eorum quæ ſupræſſa fuerunt,non conceſsiſſet id quod conceſsit in forma cō muni ſine clauſulis illis,multomagis præſumi debet,quod non conceſsiſſet cum clauſulis tam prægnantibus , & fauorabilibus excludentibus omnem exceptionem,& illud dictum pro ſingulari adducit Bartho.Cepol.in conſ. ciui.64.nu.15.verſ.plus etiā dico,quem ſequitur Crau.conſ.68.nu.13.in fi.

Cæterum præſupoſito etiam non tamen conceſſo, quod dicta inueſtitura nō fuiſſet, prout vere fuit ſurreptitia, dico tamē quod nullo modo poſſet obſtare reis conuentis,neque ſuffragari Com.Scipioni, ex infraſcriptis.

Primo quia hęc inueſtitura habet iſtam clauſulam,In quantum de iure,vel ex gratia poſſumus,aut debemus , quæ clauſula operatur,quod ſi id facere nō poſſit,aut debeat conceſsio nil obſtet,vt per Inno.in.c.Epiſcopi.de reb.eccle.non alienan.& in.c.1.in ver.ſuo.de conſt.Bal.in marg. in ver. clauſula. verſ.primo.& in.c.1.§.hoc quoque.de ſucceſſ.feud. dum tractat de alienatione cum clauſula , ſi & inquantum de iure poſſum. ſequitur Brun.conſ. 23.nu.4.in feudal.ſed talem inueſtituram facere non poterat de iure , neque ex gratia.vt infra deducam,ergo.

Secundo adeſt etiam clauſula,Saluis Iuribus omnibus quibuſcunque,per quā clauſulam reſtringitur,& modificatur dicta inueſtitura,vt tanquam à regula ſint excepta iura quorumcunque, quibus per ipſam inueſtituram nullatenus præiudicatum intelligatur,vt not.in.l.ſi debitor. §. ſi in vendicatione.ff.quib.mod.pign.vel Hipol.ſol.l.item labeo.§.pure.ff. fam. her. Ange. conſ.27.& conſ.42.col.3.in fi.& conſ.29[illegible].col.3.& Dec.conſ.445.num.6. in fi.& conſ.656.num.6.& in terminis in hac clauſula appoſita in inueſtitura tradit Signorol.conſ.60.col.2.& per Pariſ.conſ.5.num.26.in.1. ergo inueſtitura iſta nullum poteſt afferre præiuditium iuribus reorum , cum expreſſe ſint reſeruata.

Tertio dico,quod dato quod non fuiſſet dicta clauſula, Saluo iure. attamen ſubintelligeretur quia Princeps nunquam præſumit derogare iuri tertij , aut illi præiuditium afferre.l.1.§.ſi quis à Principe.&.§. merito. ff. ne quid in flu.pub.glo.fi.vbi omnes in.l.vlt.C.ſi contra ius.vel vtil.pub.& in terminis quod iſta clauſula ſubintelligatur tradit Bar.in.l.dotalem.ff.de teſtam. mil.& Bal.in.l.1.de conſti.princi.& in.l.monumenta.C. de lega. & in.l.ex facto.in prin.ff.de vulg.&pupil.& Brun.conſ.13.& Pariſ. d. conſ.5. nu. 26. in.1.ergo multomagis operari debet quando eſt expræſſa,vt in caſu noſtro.

Quarto non potuit præiudicare iſta inueſtitura, etiam ex gratia,Reipub.& reis,quia ex contractu inito cum CAROLO habuerūt hæc caſtra , nam vt patet ex literis CAROLI ſcriptis ad Principem Auria quæ etiam faciunt

ciunt ius.l.1.de const.prin.&.§.nam quod Principi.inst. de iur. natur.gen. & ciui. CAROLVS concedit dicta castra,modo cum impensis Reipub. Ianuen.expugnetur castrum Montobij, quod tenebatur non leui præsidio per Com.Hieronimum fratrem Com.Scipionis,quod etiam factum est,ergo facta est acquisitio Reipub.ex cōtractu cum Principe facto, & quidem ex causa onerosa,ergo non potuit huic contractui per Principem facto derogari per successorem,præsertim cum & ipse donationem, & omnia acta per CAROLVM confirmauerit, quo casu, & ipse dicitur contraxisse, ideo tali contractui præiudicare non potuit.c.1.de probat. l. digna vox.C. de legib.Nam & ipse Deus voluit ex conuentione obligari,vt inquit Bal.in l.1.in prin.referens Magistrū sententiarum.ff. de pact. & in terminis quod Princeps teneatur conuentiones in materia feudali obseruare, probatur per tex.vbi omnes notant in.c.1.qui success. tene. & per Isern. & alios post glo.per illum tex.in.c.1.§.notandum.&.§.& quia videmus. de ijs qui feud. dare poss.& per Bal.& alios in.c.1.de natu.feud.& in.c.scimus. quo tempore.mil.& per Feli.in.c.quæ in ecclesiarum.num. 72. & omnes scrib. in.c.1. de probat.& in.c.nouit.de iudi.& per Alex.cons.216. in. 2. cum concord. pluribus de quibus per Paris.cons.22.nu.45.cum plur.seq.& cons.23. nu. 77.cum plur.seq.& cons.11.num.50.& 51.in.1.& Soc.iun. cons.126. nu. 36. in 3.& ideo neque de plenitudine potestatis contrauenire potest, vt inquit Pau.de Cast.in.d.l.digna vox.quem sequitur Dec.cons.43.col.3.vers.quarto.& cons.600.num.2. & seq. quia in ore Principis firmior debet esse veritas secundum Bal.in.d.c.1.§.& quia videmus.tit.qui feud.dar.poss.&tradit Cur.Sen.cons.49.col.73.vers.quia consuetudo,& ideo omnes conuentiones factæ cum Principe dicuntur esse bonæ fidei,& latæ interpretandæ, vt dixit Bal.in tit.de pace constan.§.si quis vero.per illum tex.&sequitur Ias. in.l.& si post tres.in vlt.col.ff.si quis cau.& in.§. actionum. circa prin. inst. de actio.& Crau.cons.95.col. 3. vers. quarto.& ideo ex Principis contractu transfertur Dominum ipso iure sine traditione, vel aprehensione possessionis,vt voluit Io.Andr.in.c.olim.de verb.signi.Iser.& Bal. in.c.2.col. vlt.de nou.for.fidel.& in.c.1.in tit.quid sit inuest.Ang.in.l. offitium.ad fi. ff.de rei.vendi.Alex.cons.187.col.vlt.vers. quod autem.in 2. & cons.3.col. 2.vers.septimo.in 5.& cons.203.col.pen.vers.septimo non potuit.in 6.Ias. cons.145. col.6. vers. decimo & fortius. in 2. & cons.128. col.6. vers.item Princeps.in 4. Et ideo concludendum quod per talem inuestituram factā Com,Scipioni,licet non foret surreptitia,prout est,tamen non potuit præiudicare reis conuentis,qui prius legitimū habuerant titulū à CAROLO, & quidem onerosum per viam contractus,à quo non potuit, neque per eū, neque per successorem recedi per prædicta, & in terminis est decis. Boss. sub tit.de Principe.num.326.vbi quærit de hac questione,Dux quidam conuenit cum ductore quodam exercitus, & non subdito suo, vt sibi operam suam præstaret pro recuperanda prouincia sua,cum promissione quod illi in feudum daret plura castra pro se,& descendentibus suis, & ita ex nunc

concessio

concessit, Ductor exercitus recuperauit prouinciam militibus suis, Quæritur an iste dicatur contractus onerosus respectu Ductoris exercitus, vel potius gratiosus& concludit quod erit onerosus, & ideo tanquam à contractu vltro citroque obligatorio non poterit recedere, & sic videtur ista decisio in terminis casus nostri, quia in hoc conuenit Respublica Ianuen. cum CAROLO, vt expugnaretur sumptibus Reipublicæ castrum Montobij, & CAROLVS promisit, & concessit ei castrum, & alia, vt in concessionibus, ergo à tali contractu recedere non licet, neque ei per aliam inuestituram præiudicari, & cum per ipsam concessionem rei acquisierint saltem vtile dominium. c.1. §.1. de inuest. de re. alie. fact. cum concor. de quibus per Ias. in prælud. feud. col. 4. ideo non potuit eis tale dominium auferri, vt late per Feli. in. c. quæ in ecclesiarum. num. 75. de const. & per Ias. cons. 176. num. 11. in 2. & per Soc. iun. cons. 126. num. 36. in 3. etiam si vteretur plenitudine potestatis Princeps, vt dixi supra, & tenet Bal. in. c. 1. de natu. feud. cum concor. vt per Ias. cons. 93. col. 2. vers. imo fortius. in 3. & Dec. cons. 410. num. 22. Rub. Alex. cons. 50. num. 7. Paris. cons. 11. nu. 116. & seq. in. 1. Crau. cons. 135. num. 41. & alibi sæpe consulentes.

Iam vero ex omnibus prædictis puto satis aperte constare, opposita parte Co. Scipionis, tam contra sententiam CAROLI, quam contra sententiam eius Delegati, ac etiam circa merita eius innocentiæ, sublata esse omnia, & singula, neque aliquem scrupulũ residere posse, quin non probatis per Co. Scipionem actorem ijs ad quorum probationem se astrinxit, rei proculdubio absoluendi sint.

Verum vt in sententia clarior appareat hæc conclusio, colligendo omnia prædicta, & in formam conclusionis illam redigendo. Considerandum est qđ Co. Scipio agit rei vendicatione contra reos conuentos pro recuperatione castrorum, de quibus in petitione, & in rei vendicatione, vt quis obtineat notum est quod probari debet dominium ex parte agentis, & possessio ex parte rei. l. in rem. & l. ad offitium. ff. de rei. vendi. cum concord. sed proculdubio non constat de primo requisito, videlicet de dominio ex parte actoris, nam si consideramus inuestituras antiquas, & testamenta Aui, & patris, proculdubio nil releuant, vt supra conclusum fuit stantibus sententijs tum CAROLI, tũ Delegati sui cõfirmatis per FERDINANDVM successorem, & quæ in rem iudicatam transiuerunt, per quas priuatus fuit in specie Scipio ipse omni iure quod in dictis bonis habebat, & quidem legitime vt deductum fuit, non obstantibus quibuscunque oppositis contra dictam sententiam, quibus stantibus & viuentibus impossibile est quod obtineat donec prius non incidantur, & anullentur, cum res iudicata pro veritate habeatur, vt dictum fuit late supra. Quinimo tanquam damnatus Crimine Læsæ Ma. audiri non debet, sed repelli à limine iudicij, donec nõ fuisset constitutum de nullitate sententiarum, Et præterea è conuerso probatum est clare de eorum dominio saltem vtili & acquisito ex titulo oneroso, vt probatum fuit. Si vero consideremus inuestituram factam

Com.

Com. Scipioni per FERDINANDVM, ſuper qua maximum ipſe facit fundamentum, proculdubio neque hæc ei vllum tribuit dominiũ, tum quia ſurreptitia, & ideo ipſo iure nulla, vt abunde fuit ſupra probatum ex pluribus, tum etiam quia & ſi non fuiſſet ſurreptitia non potuiſſet FERDINANDVS derogare iuri præſcripto iam quæſito reis conuentis per ſimplicem inueſtituram, præſertim nulla facta mentione, aut expreſſa derogatione prædic. ſententiarum, quæ ius irreuocabile tribuerunt ipſis reis, ſtante legitimo titulo, & eo quidem oneroſo per viam contractus, vt probatum eſt, Circa vero poſſeſsionem, quam fatentur rei habere, & quæ eſt alterum requiſitum ad obtinendum in Rei vendi. conſtat clare quod iuſte poſsident, quia authore Principe poſsident, iux. l. iuſte poſsidet. ff. de acqu. poſſeſſ. Nam ſtantibus ſententijs antedictis, quibus priuabantur Fliſci præfatis feudis, imo & abſque ſententia, & citatione, ſtante notorio crimine, vt probatum fuit, potuit Princeps & Dominus poſſeſsionem dictorum feudorum ſibi apertorum apræhendere etiam cum violentia, vt tradit Bal. in. c. 1. §. fi. in fi. in tit. de pace. iur. fir. & ibi etiam Iacob. de Belui. Card. Alexan. & alij, & per eundem Bal. in. l. 1. q. 21. & 46. ff. de rerum. diui. & Gozad. cõſ. 1. num. 26. & ſeq. & Pariſ. conſ. 1. num. 172. in. 1. & dictum fuit etiam ſupra. Et ita vere CAROLVS poſſeſsionem ipſam apræhendit, vt probatum eſſe dicitur in facto, & in reos poſtea poſſeſsio ipſa iuſtis titulis tranſlata eſt, vt ſupra late deductum fuit. Quibus ſtantibus indubitate concludendum reos ipſos abſoluendos à petitis, cum expenſis.

LAVS DEO OPT. MAX.

Quæ ſupra concluſa fuerunt reſpondeo Iuris eſſe Ego Tiberius Decianus Iur. Conſ. Vtinenſis, & in Gimnaſio Patauino omnium florentiſſ. Iur. Ciuilis in prima ſede matutina ordinarius Interpres, ideo manu propria ſubſcripſi, & ſigillum appoſui: ſaluo.

Locus ſigilli.

www.ingramcontent.com/pod-product-compliance
Ingram Content Group UK Ltd.
Pitfield, Milton Keynes, MK11 3LW, UK
UKHW020923180726
13838UKWH00002B/729

9 782329 329567